AF320409

Vous m'inspirez !

©2024. EDICO
Édition : JDH Éditions
7 rue Aristide Maillol 77600 Bussy-Saint-Georges
contact@jdheditions.fr
Imprimé par Libri Plureos GmbH, Friedensallee 273, 22763 Hambourg, Allemagne

Réalisation et conception couverture : Cynthia Skorupa

ISBN : 978-2-38127-396-9
Dépôt légal : décembre 2024

Jean-Pierre Laherre
&
Denis Gentile

Vous m'inspirez !

JDH Éditions

Nouvelles Pages

Mon plus grand titre

« Je jette un regard rapide tout autour de moi, puis je me concentre sur mon objectif. La fosse est devant moi à 30 ou 40 mètres. Le moment est venu de m'élancer. Je cours la tête haute sans me désunir. Pendant ces secondes interminables, plus rien n'existe au monde. Je jette alors mes jambes et le reste de mon corps en avant pour aller le plus loin possible. C'était comme si je m'envolais. Heureusement, au moment de l'atterrissage, le bac à sable est bien là pour amortir ma chute.

Les mains ensablées, je me retourne immédiatement. Est-ce que j'ai mordu ? Je regarde le juge qui valide sans hésiter mon saut. J'explose de joie, j'ai réussi le meilleur saut de ma jeune et brève carrière sportive.

Les autres ne feront pas mieux. Je suis le champion, j'ai remporté le championnat d'Île-de-France de saut en longueur. Je n'ai que treize ans et cela reste mon seul titre en sport. Je revois souvent ces images. »

Le saut en longueur est une formidable discipline qui nous apprend que pour sauter loin, il faut aller le plus haut possible. C'est une parfaite métaphore de la carrière de Jean-Pierre Laherre.

En ce matin d'automne 2024, Jean-Pierre a remis les pieds sur le stade de son exploit. Le soleil se lève à peine, il est seul. Ici, tout a changé. Le revêtement des pistes n'est plus le même, les cages du terrain de foot n'ont plus les poteaux carrés et les tribunes sont plus grandes. Lui aussi a changé. Il n'est plus aussi véloce et solide. Il y a quelques semaines de cela, il marchait avec des béquilles suite à une opération des hanches.

Il se dit que les personnes qu'il a rencontrées ces dernières années seraient certainement surprises d'apprendre son passé d'athlète. Alors, c'est comme ça qu'il veut se présenter à eux dans les premières pages de ce livre. C'est une façon de leur demander de faire un effort d'imagination, car c'est indispensable lorsqu'on commence à lire une histoire.

D'ailleurs, chacun d'entre nous a certainement en mémoire le stade de son enfance. Pour certains, c'était peut-être un calvaire : des tours de stade en tirant la langue pour s'échauffer, des points de côté ou une cheville qui se tord. Pour d'autres, c'était le meilleur moment de la semaine, loin des classes et de leur pupitre. Ils pouvaient enfin se défouler et exprimer tout leur potentiel en courant vite, en sautant loin ou plus haut, en marquant un but ou en se détendant pour repousser le ballon qui se dirigeait droit dans la lucarne. Là, c'était moi, votre narrateur, j'étais gardien de but. Il pleuvait et à la fin du match, j'avais tellement plongé sur les tirs incessants de l'équipe adverse que j'étais couvert de boue. J'avais quand même encaissé six buts, mais tout le monde me félicitait. J'avais perdu, mais j'étais heureux comme Jean-Pierre le jour de sa victoire.

« C'était mon seul titre, mais j'avais réalisé d'autres bonnes performances, en sprint notamment. Je me souviens de plusieurs podiums en individuel et par équipes aux championnats des Hauts-de-Seine. Le jour du bac, j'ai même décroché ma meilleure note avec un beau 80 mètres couru en moins de neuf secondes. Derrière moi, il y avait des garçons bien plus grands et costauds.

Grâce au sport, je me suis vite rendu compte que j'adorais la gagne !

J'ai toujours préféré la compétition aux entraînements. On m'a souvent fait remarquer que j'étais meilleur le jour J. En sport, mais aussi dans mes études, je réussissais mieux mes concours que mes examens. »

Jean-Pierre se tourne vers le parking et des images lui reviennent à l'esprit.

« Quand on allait disputer d'autres compétions avec mon club, l'étoile sportive du Mont Valérien, sur d'autres stades dans le département, on y allait avec une voiture ou deux, pas plus. Mon frère Jacques, mon entraîneur que je surnommais Monsieur Pompe et quelques autres compères. Les autres clubs débarquaient dans des cars pleins à craquer !

Et devinez quel était notre plus grand bonheur ? Gagner face à ces clubs d'envergure !

Notre entraîneur — de nos jours on parle plutôt de coach — nous bichonnait. C'était aussi notre professeur d'éducation physique au collège. Par exemple, il nous dispensait de quelques cours d'EPS pendant la semaine. L'important pour lui était de nous maintenir en forme pour la prochaine compétition. »

Ce moment est revenu. Jean-Pierre doit se maintenir en forme pour le prochain challenge. Alors, il ne s'élancera pas pour tenter un nouveau saut, mais il préfère prendre un peu de recul, car la vie nous met régulièrement face à de nouveaux défis et nous pousse à réaliser d'autres projets. Comme aujourd'hui et certainement bien plus qu'hier.

Ces moments reviennent les uns après les autres. Ce ne sont pas de simples souvenirs. C'est bien plus. Car ce sont ces moments qui ont construit sa personnalité. Et on ne construit pas une maison avec des souvenirs. Jean-Pierre le sait bien.

Cette volonté de gagner est la première brique de son histoire.

L'art de l'imitation

« Mais quand j'étais gamin, je ne voulais pas être un athlète de haut niveau, je voulais être un artiste ! Je voulais entrer dans le monde mirobolant du show business. En effet, j'aimais faire le show. À 10 ans, j'avais déjà fait mon choix. Je voulais devenir le nouveau Thierry Le Luron.

J'avais des goûts très éclectiques (Les Inconnus auraient répliqué, en référence au chapitre précédent : "Non, l'éclectisme, j'en ai jamais fait !"). J'adorais aussi bien Mireille Mathieu que la grande Dalida, Claude François ou Johnny Hallyday. Mais Thierry Le Luron, c'était tous ces artistes en une seule personne. Il imitait toutes ces célébrités à la perfection.

J'ai commencé par faire des petites représentations en famille, puis au collège et au lycée. Dans mon répertoire, j'avais la plupart de mes professeurs et quelques élèves.

Je n'avais pas le moindre doute, c'était ça ma vocation.

Mais mon père m'a dit : "Passe ton bac d'abord !" »

Les plus grands artistes ont suivi la même parabole. Imiter, c'est comme dessiner, ce n'est pas vraiment une discipline sérieuse. Il faut d'abord apprendre à lire, à écrire et à compter. Cette phase est un moment contraint où il faut obéir à ses parents. Elle correspond à un creux sur le chemin de la providence. En France, de nos jours, c'est passer son bac. À la Renaissance en Italie, par exemple, c'était apprendre le métier de son père pour reprendre les rênes de l'affaire familiale. Ils entrent alors en résistance et leurs « vieux » finissent fort heureusement par

abdiquer. On ne brise pas le destin d'un artiste comme Michel-Ange, Giotto ou Léonard de Vinci.
Jean-Pierre n'est pas devenu le nouveau Thierry Le Luron, mais il restera quand même toute sa vie un gai luron !

Mais si Jean-Pierre avait croisé sa vocation d'homme de spectacle avec sa carrière de commercial ou de dirigeant, alors imaginez ce qui se serait passé dans les réunions ou les comités de direction. Il aurait pu poser des questions en prenant la voix d'un autre Jean-Pierre, Elkabbach, et il aurait commencé ses discours en chantant avec la voix de Dalida ! C'est absurde, me direz-vous. Peut-être, mais pas tant que ça. Écoutons Jean-Pierre narrer ses années estudiantines à Sup de Co Bordeaux.

« Pour les plus jeunes, l'école se nomme désormais Kedge Business School, c'est plus habillé et surtout plus international. Lors du bizutage, j'avais un amphithéâtre entier à ma disposition. J'ai pu exercer mes talents d'imitateur et m'en donner à cœur joie.

Le Bureau des Étudiants me demande de rendre un vibrant hommage à un certain François que je ne connaissais pas encore, mais qui était le président de la junior entreprise de l'école. Je me lance alors dans une ode au François le plus célèbre de l'époque, Mitterand. Ça commençait avec un "François, Français" et ça se terminait avec le répertoire de l'idole des jeunes, Claude François. Je me revois entonner des "Alexandrie, Alexandra" devant un parterre à la fois médusé et enchanté.

Ma réputation était faite. Mes années d'école de commerce ont été rythmées par des shows devant mes camarades et pendant la traditionnelle fête annuelle.

J'avais mon public et j'aimais ça ! »

Le talent de Jean-Pierre pour divertir les autres était souvent un atout dans sa manche, mais parfois son enthousiasme allait lui jouer des tours.

« Un an plus tôt, en prépa HEC, nous avions des entraînements aux oraux des grandes écoles. Mon coach était un jeune étudiant de l'ESSEC. Il m'avait encouragé en me suggérant : "Fais-leur une imitation, le jury va adorer !" Résultats des courses, j'ai eu 19 sur 20 à l'oral Sup de Co Bordeaux et… 9 sur 20 à celui de l'EM Lyon. Manifestement, ils étaient moins bon public.

Par conséquent, j'ai intégré "Sup de Co Plage", comme la nommait mon frère. J'ai adoré ces années d'étude à Bordeaux. Pas seulement pour mes shows, mais aussi car j'ai appris à apprendre et à savoir s'adapter. Cela m'a été extrêmement utile à l'époque et encore aujourd'hui.

C'est aussi à cette époque que j'ai découvert mon autre vocation. Mais ça, c'est un autre chapitre. »

Ou une autre brique, mon cher Jean-Pierre.

En ce matin d'automne 2024, il s'avance vers la tribune principale du stade de Nanterre. Il se revoit faire des imitations et il imagine sa sœur, son frère, sa mère, son père, ses enfants, sa femme, les membres de sa famille et ses copains rire de bon cœur. Il n'y a aucun doute sur le fait que ces rires sont à l'origine de sa légendaire bonne humeur.

Cette bonne humeur est la deuxième brique de son histoire.

La vente, mon autre vocation

« C'est lors d'une "colle" en prépa HEC au Lycée Janson de Sailly que j'ai découvert ma vocation pour la vente.

Avec deux camarades extrêmement brillantes, j'étais tombé sur un sujet qui concernait le rebond de la Bourse après le krach boursier de 1929. Je l'avoue, j'avais légèrement fait l'impasse sur ce point.

Mais, tout le long de l'entretien avec l'examinateur, je me suis vite rendu compte que mon attitude, à la fois positive et intéressée, allait curieusement conduire ce professeur à me donner toutes les réponses, ou en tout cas des débuts de réponses, me permettant de compléter ses phrases relativement facilement.

Il m'a mis un 19 ou un 20 sur 20 ! Une bien meilleure note que mes collègues de colle. Elles étaient un peu "Granny" vertes. »

Une expression typiquement à la Jean-Pierre, car il aime jouer sur les mots. Mais aussi, en ce matin d'automne, impossible de ne pas constater que c'est le début de la saison des pommes. Un fruit qui a fait l'histoire de l'Humanité, du livre de la Genèse au logo mythique de la fameuse marque d'ordinateurs en passant par la campagne qui a changé le destin de Jacques Chirac. Le moins que l'on puisse dire, c'est que la pomme est une formidable métaphore. Le moins que l'on puisse dire, c'est qu'il aime l'utiliser.

« En parlant de pomme, j'ai invité ma famille et des amis à une fête pour célébrer les 110 ans de mon épouse et moi-même — cumulés ! —dans un lieu qui se nomme… "Le Fruit Défendu" : cela ne s'invente pas ! »

Pour Jean-Pierre, ce moment correspond à une véritable prise de conscience. Bien plus qu'une bonne note, cet examinateur lui a donné la clé de d'une porte de son avenir. Il s'est comporté comme le grand Socrate. Il l'a aidé à trouver en lui, dans sa mémoire, ses connaissances et sa culture personnelles, les bonnes réponses. Il l'a fait, car Jean-Pierre a su naturellement, comme un acteur incarnant son personnage et faisant vivre son texte, capter son attention.

Mais il n'était pas dupe, il savait bien que Jean-Pierre n'était encore qu'un sophiste, une jeune intelligence qui avait encore tant à apprendre sur le monde et à découvrir sur lui-même. Exactement comme Socrate le faisait dans les rues d'Athènes au temps de Périclès. Socrate avait une manière d'interroger dont le but n'était pas de piéger l'autre, mais de lui permettre de trouver des réponses, même s'il ne les connaissait pas encore. On disait qu'il accouchait les jeunes esprits.

Cet examinateur a réussi un miracle, ou, si vous préférez, une formation accélérée, qui a permis à Jean-Pierre de révéler sa vocation pour la vente. Car il avait déjà eu de nombreuses expériences en la matière. Mais il était encore peut-être trop pris par son côté showman.

> *« Tôt, j ai fait des petits jobs d'étudiant, en tant que vendeur dans une boulangerie à 16 ans, puis pompiste durant les vacances d'été à 18 ans, mais le summum a été ma découverte de l accueil de touristes étrangers à Paris. À mon retour d'un voyage d'étude à Londres, ma mère m'a conseillé de chercher un job d'été me permettant de pratiquer l anglais, rentrant tout juste de mes études en Angleterre.*
>
> *Je prends les Pages jaunes et je commence ma prospection téléphonique, gonflé d'enthousiasme. J'appelle les principales agences parisiennes de guides interprètes. Une première, une deuxième, une troisième, ma démarche fait pschitt, comme l'aurait dit l'ancien président de la République*

que l'on a cité plus haut. À chaque fois, c'est la même rengaine : "Avez-vous votre diplôme de guide ?" Trois refus secs.

La quatrième fois fut la bonne. "Pourquoi pas", me répond la personne à l'autre bout du fil du Tour Operator International Weekends. "Je peux vous proposer de vendre des excursions à des touristes américains au comptoir situé au PLM Saint-Jacques à Paris." »

Et là, il a trouvé son paradis, lui l'artiste qui avait envie de s'exprimer sur les plus grandes scènes de Paris.

« Ils m'ont embauché sur-le-champ pour vendre aux touristes étrangers des soirées au Lido, au Moulin Rouge, aux Folies Bergères, mais aussi sur les bateaux-mouches.

Rapidement, mes patrons, qui m'avaient visiblement à la bonne, m'ont aussi demandé de participer aux excursions en tant qu'accompagnateur. »

Avant de monter sur d'autres planches, Jean-Pierre a donc vendu des spectacles.

On comprend rarement ce qui nous arrive vraiment dans notre jeunesse. Les évènements heureux ou malheureux s'enchaînent à grande vitesse. Du jour au lendemain, on se retrouve dans une situation jusqu'alors inconnue. Le secret pour avancer, c'est d'en profiter, de prendre du plaisir en cherchant toujours de nouvelles réponses. Et c'est là la troisième brique de son histoire : la faculté de s'adapter.

Il a vécu comme une fourberie son examen, cette fameuse colle, mais c'était bien plus que cela. Ce professeur a su comprendre sa nature.

Ironie du sort, me diriez-vous. Non, vous répondrais-je, ironie socratique !

Le temps revient

« *J'avais mes entrées dans ces beaux endroits et tout le monde me saluait quand j'arrivais. J'ai passé un été de rêve. Tous les soirs, j'étais dans les cabarets les plus célèbres du monde ou sur la Seine.*

Ce Tour Operator avait vraiment pignon sur rue et les touristes américains affluaient à Paris. La vie était belle. J'étais étudiant, mes collègues étaient ravissantes et je découvrais la joie et la motivation des commissions sur vente, mais aussi des pourboires.

C'était la cerise sur le gâteau. J'avais été coaché en la matière par un chauffeur de car. Voici, à peu près, le langage qu'il m'a tenu sur les bonnes pratiques à respecter :

> *"Jean-Pierre, c'est pas compliqué. Le premier conseil, c'est bien sûr de bien t'occuper d'eux en étant souriant, de bonne humeur et en leur présentant tous les monuments que l'on verra. Mais surtout, à la fin de l'excursion, juste avant de faire descendre les touristes du car, tu prends ton micro et tu leur expliques que c'est une tradition en France de laisser un pourboire… au chauffeur ! Ensuite, on partage 50/50."*

J'ai appliqué à la lettre ses règles. Résultats des courses : des pourboires payés rubis sur l'ongle en dollars, la monnaie la plus forte à l'époque. Je doublais allègrement mon salaire. »

Grâce à ce coach, terme anglais qui signifie à la fois chauffeur et entraîneur, Jean-Pierre avait compris les avantages de réserver un bon service aux clients. Avant même la fin de ce chapitre, on a trouvé la quatrième brique de son histoire : le service client.

« Mon expérience avec ce Tour Operator ne s'est pas arrêtée en si bon chemin. J'avais conquis mes patrons. Ils me font une nouvelle proposition : accompagner des groupes lors d'un tour de France complet sur une quinzaine de jours.

Seule ombre au tableau : je ne suis pas vraiment calé sur l'histoire d'une partie des villes-étapes et des régions traversées. C'est d'abord mon père qui est venu à mon secours en m'offrant le guide touristique de la France en anglais. En bon étudiant, j'avais bien potassé mon sujet. J'étais devenu incollable sur les châteaux de la Loire. Mais ce n'était pas suffisant. Je n'avais jamais mis les pieds dans la plupart de ces villes. Heureusement, j'avais mon porte-bonheur, ou plutôt, mon as de trèfle dans la manche : le chauffeur. Lui, il connaissait le terrain comme sa poche. Alors, je lui demandais de m'indiquer la direction à prendre pour voir les principaux monuments. J'endossais alors ma veste du bon petit guide professionnel pour leur donner tous les détails. Je devais être le plus précis et le plus utile possible. Mon entente avec ce chauffeur était parfaite. Un vrai duo d'attaquants. On n'allait pas tarder à marquer notre plus beau but dans… les arrêts de jeu. »

Avant de suivre cette action avec attention, revenons un instant sur l'ironie socratique abordée au chapitre précédent, le récit de Jean-Pierre met en évidence un principe essentiel : l'obstacle est rarement de ne pas savoir, mais l'obstacle est de ne pas chercher des réponses ou des solutions. Reprenons le cours du jeu.

« Après avoir fait le job pendant deux semaines, il me restait à soigner ma sortie. En arrivant à Paris, je demande au chauffeur de m'arrêter place des Ternes. Je descends seul pour une escale éclair. Juste le temps d'acheter des roses et de les offrir à toutes les dames du voyage.

L'effet fut immédiat et… multiplicateur du pourboire. J'ai pu me payer de super vacances. Des décennies plus tard, je me souviens encore de cet été de folie. »

Sur le stade de ses exploits, Jean-Pierre se voit encore en train de distribuer des roses et on l'entend prononcer des « thank you ». Pris dans ses souvenirs, il n'a pas aperçu deux groupes d'Américains qui passaient tout près de lui. Le plus naturellement du monde, ils lui répondent en chœur : « You're welcome, have a nice day. » Les Américains sont comme ça, ils se saluent parfois dans la rue sans même se connaître. Je les connais bien pour les avoir côtoyés dans mes années Disney.

Le temps revient. C'est la cinquième brique de son histoire : marquer les mémoires. Comment ? En mettant en scène ou en construisant des moments que l'on n'oubliera pas, pour soi-même, pour les touristes, pour les clients, pour ses employés, pour ses équipes, pour ceux que l'on rencontre ne serait-ce qu'une fois dans sa vie.

Ces deux briques sont à poser l'une à côté de l'autre, car un bon service client est celui qui restera dans les esprits et qu'on aura envie de raconter à nos amis d'abord et beaucoup plus tard à nos petits-enfants.

C'est d'ailleurs ce que fait Jean-Pierre dans ces pages, sans même en avoir eu conscience au début du projet.

Mal à la tête

« *Il était une fois monsieur Jean-Paul. C'était mon supérieur hiérarchique. Il avait une vingtaine d'années de plus que moi. J'étais un petit jeunot pour lui et il s'amusait à m'appeler Monsieur Jean-Pierre.*

Il accordait sa confiance à tous ses collaborateurs sans exception. Il nous impressionnait, mais dans le même temps, il nous mettait à l'aise. Je me souviens de son autorité naturelle. Elle prenait sa source dans son savoir immense, sa passion du métier et la motivation qu'il transmettait à ses équipes.

Moi, mon diplôme en poche, j'avais franchi la frontière. Plus qu'une fuite des cerveaux, je définirais cette époque de coopération en Belgique comme une fugue. Je travaillais pour… non, je ne vais pas vous le dire tout de suite. Je préfère que vous deviniez le nom de cette société française.

Il avait vraiment beaucoup d'humour, et ensemble, on s'amusait comme des gamins dans la cour de récré. On aimait parodier des films comme Le Parrain *de Francis Ford Coppola. Comme cette séance de travail que nous avions commencée en revisitant de mille façons la scène du baiser de l'anneau en nous appelant mutuellement "JP".* »

On imagine JP alias Jean-Pierre imitant l'accent sicilien en déclamant cette réplique culte à JP alias Jean-Paul : « JP, gardez vos amis près de vous, mais gardez vos ennemis encore plus près. »

« *Après cette longue introduction, nous passions à un sujet plus sérieux : la lecture des données de marché et les enseignements à en tirer.*

Ça nous donnait mal à la tête, mais ce n'était pas grave, car… nous commercialisons justement de l'aspirine, du paracétamol et de la vitamine C !

Cette fois-ci, vous avez sûrement deviné le nom de ma première société. Il s'agissait d'UPSA, ironie du destin, quand tout le monde du bâtiment me connaît comme le directeur général d'URSA (fonction que j'ai occupée pendant près de 5 ans jusque mi-2023). D'UPSA à URSA est d'ailleurs le nom du projet de ce livre que j'avais révélé dans une interview à l'occasion des Ze Awards du bâtiment. »

Monsieur Jean-Pierre vient de poser encore quelques briques d'humour et de bonne humeur. C'est comme si son chemin avait été tracé et guidé par une sorte de providence managériale.

« Mes amis belges se moquaient d'ailleurs gentiment de notre travail. Pour eux, nous étions des coopérants qui effectuaient des missions dans leur pays, comme si nous accomplissions notre service militaire. D'ailleurs, savez-vous pourquoi les autoroutes françaises, contrairement aux autoroutes belges, ne sont pas toujours éclairées ? »

Jean-Pierre, en bon imitateur, prend immédiatement l'accent belge pour nous donner la réponse.

« Tout bêtement, parce que les Français n'en ressentent pas le besoin, puisqu'ils se prennent pour des lumières !»

Sans aucun doute, Jean-Pierre ne pouvait pas mieux commencer sa carrière. La Belgique se révèle être le terreau idéal pour enraciner ses talents d'amuseur numéro un du milieu professionnel hexagonal.

Tous les lieux sont importants, ils révèlent souvent qui nous sommes, parfois même ils nous transforment. Cela peut être un pays, une ville, un village, une place, une rue, une maison, une école, un monument, un musée ou un stade. Ou même l'univers.

Imaginez, 5 milliards d'années ont été nécessaires pour préparer le terrain à l'apparition de la vie et à la naissance des premiers êtres humains. Alors, quand on raconte une histoire, on ne doit jamais négliger cet aspect. Car le lieu, même s'il s'efface quand on entre en scène, reste le protagoniste absolu. Sans l'espace, le temps n'existe pas. Sans le lieu, l'histoire n'existe pas. Littéralement, elle n'a pas lieu.

Tous les lieux de notre enfance à notre vieillesse sont autant de briques qui nous permettent de construire notre histoire.

La Belgique et le stade de ses exploits sportifs ont eu une influence déterminante sur sa vie et sa carrière. On découvrira ces lieux au fil de ces pages.

Et ce n'est pas par hasard si Jean-Pierre a décidé de se remettre en scène ici et maintenant. Il vient de voir une silhouette familière, il se dit que c'est monsieur Jean-Paul. Il en voit d'autres. Il se dit que son imagination a pris le pas sur sa mémoire et qu'elle lui joue des tours. Un peu plus loin, il reconnaît Laurent. C'est certain, c'est lui. Il y a quelques années de cela, il l'avait déjà croisé dans un train revenant d'Allemagne. Il était assis à côté de lui et il essayait de se remémorer où et quand il l'avait déjà vu. Il a dû faire un gros exercice de mémoire, comme des prémisses à ce livre.

« On a discuté tout le long du trajet avec un immense plaisir entre souvenirs et échanges sur nos vies d'après.

Laurent est un orfèvre en marketing. Il avait suivi des études à Dallas, mais contrairement à JR Ewing, il ne portait pas le Stetson. Il était le directeur marketing d'une entreprise de transport.

Je me souviens d'un garçon précis, connaissant son métier, structuré et analytique dans ses présentations et ses commentaires, sachant communiquer et transmettre avec justesse, lisibilité et bienveillance sa vision.

C'était un personnage réel tout droit sorti d'un film et éclairant pour moi. Oui, éclairant, c'est bien le mot, sans aucune ironie, car il y a cette phrase que je n'oublierai jamais. Il l'avait prononcée alors que nous étions en voiture dans l'arrière-pays niçois : "Puget-Théniers, moins je voyais…" »

Silence absolu ! Black-out ! Flop total ! Quand Jean-Pierre m'a raconté cette plaisanterie, je n'ai pas compris le jeu de mots. Il a dû me répéter plusieurs fois le nom de ce charmant village des Alpes-Maritimes, tout près de chez moi.

« Puget-Théniers, Puget-Théniers, Puget-Théniers, moins je voyais ! »

Jean-Pierre a tout de suite entamé la conversation avec Laurent en lui rappelant cette phrase et lui avouant sur un ton légèrement moqueur que je ne la comprenais pas. Cette fois, c'est moi qui avais mal à la tête.

Et vous, avez-vous compris ? Non ? Alors voici la solution, il fallait entendre : plus j'éteignais, moins je voyais.

Les jeux de mots

Je me force à sourire. Jean-Pierre ne me dit pas si cette réplique était volontaire ou non, cynique ou sympathique. Je n'insiste pas, car j'ai furieusement envie de l'interrompre en lui faisant remarquer que ces anecdotes ne vont pas rehausser le niveau culturel de ce livre. Mais je n'arrive pas à freiner son enthousiasme.

« *Écoute bien ce qu'un collègue d'outre-Rhin, qui se débrouillait d'ailleurs pas mal dans la langue de Molière, m'annonce au téléphone pour me prévenir qu'il était arrivé dans la ville du Mans : "Je suis à Le Mans, Jean-Pierre". Bon, ça, je le savais déjà.* »

Bon, j'avoue, cette fois-ci, je n'ai pas résisté. J'ai bien ri. Ces lapsus, ces maladresses de langage et même des fautes de frappe provoquent une saine hilarité.

« *Comme lorsque je signe rapidement une lettre sur mon clavier en précisant ma fonction dans l'entreprise : Chefs des vents !* »

Jean-Pierre marque un silence, il me dévisage l'air dubitatif et se rend à l'évidence :

« *Évoquer ces anecdotes avec toi, c'est sympa, on passe un bon moment, mais franchement, qui va acheter un livre pour lire ma biographie ?* »

J'attendais cette remarque. Jean-Pierre est une personne intelligente. Il a eu une brillante carrière, mais il n'est pas Léonard de Vinci, Albert Einstein, Nelson Mandela, Marie Curie, Marguerite Duras, ni même Bernard Tapie. Qui pourrait vraiment désirer en savoir plus sur sa vie ? Ou en extrapolant un peu, qui pourrait décider d'aller dans une librairie pour acheter sa biographie ?

Alors, bien sûr, en bon storyteller, je lui ai répondu que tout le monde mérite de raconter son histoire. L'Humanité, ce n'est pas seulement les aventures et les pensées de quelques génies. L'Humanité est composée de chacun d'entre nous. L'humanisme est justement ce formidable élan et ce courage qui nous poussent à laisser des traces de notre passage sur Terre.

Le récit de son histoire éveillera la curiosité des autres si, et seulement si, il réussit à évoquer quelque chose chez le lecteur, quelque chose qui le plonge dans son passé et dans son essence. C'est comme un miroir. Il va se reconnaître dans certains traits. C'est cela qu'il faut chercher inlassablement.

A contrario, si on se dépeint comme un génie, on va sembler inatteignable. Or tout le monde n'est pas capable d'escalader l'Everest. C'est donc exactement ce que l'on veut éviter. Alors oui, les petits jeux de mots de Jean-Pierre et de son père ont leur place ici. Car, on a tous vécu des anecdotes similaires. On se sent proche et on peut se dire : Jean-Pierre me ressemble. Oui, c'est bien ça l'essentiel. Jean-Pierre me ressemble.

On ne raconte pas son histoire pour soi-même, on ne raconte pas son histoire pour se glorifier, on raconte son histoire pour provoquer des déclics chez l'autre et, pourquoi pas, l'inciter à faire la même démarche ou l'inspirer. Elle devient une œuvre de bienfaisance. Ce n'est pas rien !

Finalement, je n'ai plus aucune réticence à retranscrire les blagues et les jeux de mots de Jean-Pierre. Non seulement dans ce chapitre, mais également au fil du récit.

Pourtant, les jeux de mots sont dangereux, surtout à notre époque. Ils détonnent dans la partition du politiquement correct. Nos chefs d'orchestre contemporains n'apprécieraient peut-être pas si Jean-Pierre était leur premier violon.

Les jeux de mots sont les briques les plus fragiles. Qu'importe, il n'y a pas que des chefs d'orchestre dans le monde, il y a aussi des chefs de chantier ! Et là où les premiers y voyaient une faiblesse, les seconds ont compris que c'était une chance. Ces briques étaient-elles trop fragiles ? Qu'à cela ne tienne, ils ont pensé que c'était l'endroit idéal pour y placer des portes et des fenêtres.

Ces briques sont des opportunités à saisir au vol, des idées pour éviter le conformisme, des sourires pour sortir de la torpeur, des coups de pouce pour franchir le pas, des invitations à plus de légèreté, de gentilles provocations pour piquer la curiosité de l'autre et des fautes de goût pour se rappeler que rien n'est parfait.

Les jeux de mots de Jean-Pierre, c'est de la bonne humeur en briques.

Les jeux de mots de Jean-Pierre sont des ouvertures sur la nature.

Ce n'est pas par hasard s'il est là aujourd'hui, dans le stade de son enfance. En saluant un à un ses amis, il s'en donne à cœur joie. Les mots fusent et les rires jaillissent.

D'un cèdre du Liban à LinkedIn

« *Quand je vais sur le balcon de mon appartement à Chaville dans le département des Hauts-de-Seine entre Paris et Versailles, mon regard est littéralement happé par un majestueux cèdre du Liban. Il doit avoir mon âge, mais il est immensément plus grand que moi. Son vert foncé aux reflets d'argent est lumineux. Ses branches s'étalent de telle façon à donner l'impression d'être construit sur plusieurs étages. Comme s'il était un bâtiment naturel. D'ailleurs, j'imagine qu'il accueille une bio-diversité foisonnante. Pour les oiseaux du coin, c'est un véritable phare. C'est l'endroit idéal où les serins cini peuvent siffloter sereinement, les perruches à collier radoter et les pies bavarder bruyamment, le rossignol philomèle chanter, les tourterelles turques se bécoter, les pigeons se reposer entre deux voyages, les hirondelles faire leurs nids à l'arrivée du prin-temps, sans oublier les mésanges, les rouges-gorges, les fauvettes et les moineaux. S'il y a une fête et que certains ne veulent pas être dérangés, il leur suffit de monter de quelques étages.*

Le cèdre semble indestructible, même la pollution de la mégapole fran-cilienne ne semble pas le gêner. En plus, il est pour nous un magnifique paravent vivant. Il nous isole des intrusions visuelles du voisinage. Il masque aussi le parking extérieur. Grâce à lui, on peut profiter en toute intimité de notre balcon. Sans lui, la vie des habitants de notre copro-priété serait bien plus stressante et monotone.

Quand son ombre se couche sur la façade de l'immeuble et pénètre chez nous, je ressens toute sa sérénité. Il me relaxe. C'est mon professeur de yoga.

Le cèdre est un arbre pluriséculaire. Rien ne peut l'abattre, si ce n'est la stupidité humaine. »

Quelle envolée lyrique ! Jean-Pierre devient poète. Mais qui ne le serait pas devant la beauté de la nature ? Vous avez certainement votre cèdre du Liban, un autre arbre, une fleur, une plante, une montagne ou l'horizon de la mer. Un élément qui vous transporte dans une autre dimension. Posez-vous la question : quel est mon cèdre du Liban ? Et dites-vous que vous seriez prêt à tout pour le protéger.

« Cet arbre aurait dû me survivre et survivre à mes générations successives. Il aurait dû aussi survivre à ces bâtiments qui l'entourent. Il est bien moins périssable que nos matériaux de construction. Vraiment, mais malheureusement je suis forcé et contraint d'en parler au conditionnel, car ce matin, j'ai reçu une bien triste nouvelle. Le cèdre, ce cèdre, mon cèdre sera bientôt abattu. Il ne sera plus qu'un amas de bois. Mon cèdre cèdera sous les coups des tronçonneuses comme dans un mauvais film d'horreur. La sève coulera et mon cèdre deviendra cendres. »

On comprend sa détresse, car Jean-Pierre et ses équipes ont contribué de façon significative à des plantations d'arbres dans les forêts françaises :

« Plus de 5300 arbres ont été plantés en 2022 en forêt de Chantilly et plus de 5500 arbres en 2023 dans la forêt landaise, martyrisée par les feux pendant l'été 2022. »

Jean-Pierre peut être fier de son bilan carbone. Et il en attribue le mérite à… LinkedIn !

« S'il y a bien un "outil" que j'utilise chaque jour depuis plus de 15 ans au moment de son apparition en France, c'est bien LinkedIn.

J'y consacre entre 45 minutes et une heure par jour. Je like et je commente tout ce qui me plaît. Vous allez légitimement me demander :

Pourquoi et quel est l'intérêt de passer tout ce temps sur un réseau social, même s'il s'agit d'un réseau professionnel ? »

Et ça marche du feu de dieu ! Jean-Pierre est l'un des dirigeants du bâtiment les plus suivis sur LinkedIn avec plus de 30 000 abonnés et des publications qui font le buzz. Mais, au-delà des chiffres, il veut surtout retenir les rencontres et les actions qui découlent de son activité digitale. D'ailleurs, quel est le secret de cette efficacité ?

« Eh bien, voici mon secret qui est tout simple. Cette application me permet d'être mis en contact dans la vraie vie, "IRL" comme disent les experts, avec des personnes en dehors de ma branche professionnelle, des personnes que j'aurais eu très peu de chances de rencontrer sans ce réseau. In fine, c'est le plus important, cela me permet d'innover et de partir à la découverte de nouveaux horizons.'

Par exemple, pour en revenir à nos arbres, le patron de "Allcolibri" prend contact avec moi et m'annonce avoir lancé un concept et une application qui permettent aux entreprises de faire grandir leur impact, permettant aux employés et aux clients de faire des actions vertueuses telles que nettoyer les océans, financer de l'éducation ou planter des arbres, etc. C'est ainsi que l'idée a germé dans ma tête de mettre en place l'action nationale "Coup double pour la Planète", puis "Bouclier URSA pour la planète" où les équipes internes, les clients et les partenaires étaient amenés à interagir et à communiquer sur les solutions de mon entreprise de l'époque, chaque action permettant de déclencher 1 plantation d'arbres en France. »

Jean-Pierre est intarissable sur les bienfaits de LinkedIn pour lui, pour ses entreprises et pour la planète. Le stade se remplit à vue d'œil, imaginez 30 000 personnes se bousculer à l'entrée. On va devoir passer de Nanterre au Parc des Princes. Heureusement, aujourd'hui, nous avons des moyens de communication qui nous permettent d'assister à des événements à distance.

Si chaque relation de Jean-Pierre née sur LinkedIn est une brique, alors c'est un château qu'il va pouvoir construire. J'ai bien dit un château, ne l'oubliez pas.

Mais qu'en est-il du cèdre du Liban de Jean-Pierre ? Nous l'avons laissé presque mort et enterré au milieu de ce chapitre.

De LinkedIn au cèdre du Liban

*« LinkedIn m a permis aussi de rencontrer des formateurs, anciens pi-
lotes de chasse, c'est idéal pour former les équipes à une communication
optimale et à la préparation des actions grâce à des briefs précis, suivant
une logique et un process clairs.*

*J'ai fait d'autres belles rencontres comme Ariane Mathurin, une très
belle personne dont l'entreprise propose de l accompagnement social avec
"Ariane Care". J'ai envie de citer aussi Nicolas Felger, un intervenant
percutant sur la vente et un créateur d'événement permettant de dépasser
ses limites. Bref je vais m'arrêter là, car il s agit de centaines de personnes inspirantes avec lesquelles j'ai pu échanger et interagir.*

*C'est un véritable état d'esprit, l'esprit réseau dans lequel on s'intéresse à
l'autre sans en attendre quoi que ce soit au départ. Une relation gratuite
et enrichissante des deux côtés qui n'a aucune obligation de résultat ou
d'aboutir sur un business. Bien sûr, LinkedIn est aussi utile pour trouver
ou retrouver un job, en changer ou décrocher de nouveaux contrats. »*

Ce n'est pas mon cas, car j'ai d'abord rencontré Jean-Pierre dans
les bureaux d'URSA à Noisy-le-Grand. J'étais en charge avec
l'agence Tokster de publier des articles sur les produits et les
activités de son entreprise. J'ai eu la chance de l'interviewer plusieurs fois. Ensuite, une estime réciproque est née entre nous
grâce à LinkedIn. Il est devenu un lecteur assidu de mes por-
traits d'artisans du bâtiment jusqu'au jour où il m'a proposé de
l'aider à écrire ce livre. Il a une vraie capacité à déceler les talents
des autres et à les encourager.

*« Ma démarche est simple : pour quelqu'un qui prend le soin d'expli-
quer en quelques mots son projet et qui se réfère d une personne que je*

connais, alors je vais systématiquement prendre du temps avec lui par téléphone ou de visu pour l aider à préciser son projet professionnel. Ensuite, si possible, je vais la mettre en relation avec d autres personnes qui pourront peut-être, soit directement soit indirectement, l aider à trouver le job ou la mission de ses rêves.

Que devrais-je demander en contrepartie ? Absolument rien, si ce n'est juste un retour sur les contacts transmis, car j'ai envie de connaître la suite de l'histoire. Ce type d'échanges est presque toujours très enrichissant pour tous les intervenants, celui qui demande, celui qui met en relation, celui qui aide. En tout cas, c est comme cela que je le vis.

Last but not least, pour rester ponctuellement dans un ton franglais, LinkedIn, en plus de nous permettre d'apprendre des autres, est un parfait tremplin pour parler de votre entreprise, de vos équipes, de vos valeurs, et pour partager vos pratiques.

D ailleurs, comme nous étions très peu à l'utiliser régulièrement jusqu alors dans l'univers du BTP, j ai pu intensifier la notoriété de mon entreprise et sans doute améliorer la fameuse "marque employeur". Mais surtout, et c'est le vrai moteur, je prends un plaisir fou. Les réseaux sociaux, c'est pour moi une récréation. J'en prends un plaisir fou, comme une récréation. »

Cette récréation, il ne pourra plus la prendre à l'ombre de son cèdre du Liban. La décision a été prise et semble irrévocable. Il sera abattu. Mais qui a bien pu prendre cette décision ?

« Ce cèdre est dangereux, car il détériore les façades de nos beaux immeubles en béton. Ce cèdre est dangereux, car il menace structurellement les fondations. Ce cèdre est dangereux, car il endommage l'asphalte de notre parking. Ce cèdre est dangereux, car si l'une de ses longues épineuses et lourdes branches s'en détachait, un passant risquerait sa vie. Oui, mesdames et messieurs, ce cèdre est non seulement dangereux, mais il nuit aussi à notre environnement et notre bien-être. En effet, il est une véritable barrière qui empêche le soleil de pénétrer dans nos habitations.

Moins de lumière, cela signifie plus d'électricité et moins de chaleur, cela signifie plus de chauffage. Nous n'avons plus les moyens en ce XXIᵉ siècle pour ne plus nous préoccuper de nos consommations d'énergie au détriment de nos ressources naturelles. Combien de temps encore accepterons-nous de vivre sous les méfaits de ce géant inhumain, en un mot, de ce monstre ? Chers copropriétaires, chers voisins, chers amis, joignez-vous à nous pour cette bonne cause et battons-nous ensemble pour que ce monstre soit supprimé, que ce monstre ne vienne plus entraver nos regards. Il vous suffit pendant cette noble assemblée de voter oui à l'abattage de cet arbre diabolique. »

On aurait pu aussi déranger Cyrano de Bergerac en modifiant à peine la tirade des nez :

« Ah ! Non ! C'est un peu court, chère assemblée !
On pouvait dire… oh ! Dieu ! … bien des choses en somme…
En variant le ton – par exemple, tenez :
Agressif : "Moi, Monsieur, si j'avais un tel arbre,
Il faudrait sur-le-champ que je l'amputasse !
Gracieux : "Aimez-vous à ce point les oiseaux
Que paternellement vous vous préoccupâtes
De tendre ce perchoir à leurs petites pattes ?"
Cavalier : "Quoi, l'ami, ce croc est à la mode ?
Pour pendre son chapeau c'est vraiment très commode !"
Pratique : "Voulez-vous le mettre en loterie ?
Assurément, Monsieur, ce sera le gros lot !"
Voilà ce qu'à peu près, chers copropriétaires, vous m'auriez dit
Si vous aviez un peu de sens civique, de culture et de respect pour l'environnement
Mais aucune de ces nobles valeurs ne vous effleurent l'esprit ! »

Je m'arrête là, mais certains textes sont immortels et selon les époques, ils peuvent encore nous servir pour défendre avec panache d'autres causes.

Jean-Pierre n'était pas présent lors de cette assemblée générale en mars 2023. On le sait bien, les absents ont toujours tort. Cette décision est tellement absurde qu'il n'arrive pas à comprendre ce qui a poussé un groupe d'êtres humains à en demander l'exécution. Alors, dans son pire cauchemar, il a imaginé l'allocution de l'avocat du diable.

Les voisins ailés seront les premières victimes de ces voisins zélés. Ils devront migrer vers d'autres arbres. Tant qu'il y en aura !

Le vote a été serré : 3 134 votes pour la condamnation à mort du cèdre du Liban, 2 901 votes en faveur de sa sauvegarde, et 952 se sont abstenus. Parmi ces derniers, les absents, ce qui ne fait qu'augmenter les regrets.

Quand Jean-Pierre et son ami David se rendent compte de cette absurdité, il est déjà trop tard. En effet, toute contestation doit advenir dans les deux mois qui suivent l'assemblée. C'est irrémédiable, le géant vert vit ses derniers jours.

Les deux compères vont remuer ciel et terre en déposant des plaintes et en interpellant des élus et des défenseurs de la nature. Pour Jean-Pierre, c'était le moment de mobiliser ses relations. Alors qu'ils pensaient avoir gagné un peu de temps, un terrible matin, ils entendirent le bruit des tronçonneuses. Une armée de bûcherons était déjà au travail. Ils se précipitèrent, n'écoutant que leur courage. « Arrêtez tout », s'écrièrent-ils de toutes leurs forces. Mais le bruit des machines est bien plus infernal. À la vue de ces deux êtres surexcités, ils mirent au silence leurs armes motorisées. Ce ne sont que des soldats qui doivent bêtement exécuter un ordre. Mais devant l'insistance et la rage de Jean-Pierre et David, ils reculèrent.

La partie n'était pas encore gagnée, mais au moins ils ont obtenu un sursis. Pour combien de temps ?

L'homme qui a planté plus de 10 000 arbres en moins de 2 ans devra-t-il se résigner et abdiquer comme un roi devant la fureur du peuple ?

Ce n'est pas seulement un arbre qui tomberait, mais des dizaines de murs de briques qu'il avait su construire patiemment tout au long de sa carrière et que l'on évoque succinctement dans ces pages.

Du cèdre du Liban à la chambre du Roi

« Ce fut le coup de foudre au premier regard.

Je me baladais dans un quartier où je n'avais jamais encore mis les pieds à Paris. J'étais seul, elle se promenait avec sa mère. Nous aurions dû jouer au loto ce jour-là. »

Halte là, Jean-Pierre ! Je suis désolé de casser cette ambiance romantique, mais je ne suis pas d'accord avec toi. D'abord, il y a cette expression dont je vais volontairement intervertir les termes : heureux en amour, malheureux au jeu. Donc, tu n'aurais rien gagné, et pour un gagnant comme toi, tu l'aurais mal vécu. Je vais continuer à jouer sur les mots comme tu prends plaisir à le faire si souvent. Le loto est un jeu de hasard, mais dans les rencontres de la vie, le hasard n'existe pas. Certains l'appellent destin, d'autres providence.

« C'est vrai, je pense que nous venons de la même galaxie et que nous cheminons sur la même longueur d'onde. C'est comme si on avait atterri au même moment dans ce quartier parisien pour ne plus se quitter. Nous regardons toujours dans la même direction comme l'a écrit Antoine de Saint-Exupéry. Quand elle a bien dormi, j'ai bien dormi aussi, et vice-versa. Nous aimons les mêmes choses, mais elle de façon moins extravertie que ma pomme. Elle est discrète et elle préfère ne pas s'afficher.

Bien sûr, à la maison, c'est elle qui dirige, même quand elle me laisse le choix en utilisant des expressions que je qualifie de "interro(né)gatives affirmatives" ! Par exemple : "Veux-tu faire ceci ou cela ?"

Bref, je l'aime à la folie. Elle est ma muse qui d'ailleurs m'amuse beaucoup et nous vivons une superbe vie. »

Incorrigible Jean-Pierre, même dans le moment le plus romantique et intime de ce récit, il cède à sa manie des jeux de mots. Mais là, il a un sens profond, même plus profond qu'il ne le croit.

La muse est le mot clé ou le moyen terme pour employer un langage aristotélicien. Les muses donnent l'inspiration aux poètes, aux écrivains, aux musiciens, aux peintres, aux sculpteurs, aux architectes, etc. Rares sont les artistes qui n'ont jamais eu leur muse. Un monde sans les muses serait mort-né. L'inspiration nous guide vers la beauté. La beauté d'une œuvre d'art ou d'un château. Comme le château de Versailles. D'ailleurs, Jean-Pierre habite tout près de ce somptueux monument classé au patrimoine mondial de l'UNESCO. Il fait partie de notre histoire, de notre culture. C'est essentiel de préserver cette mémoire et de la transmettre aux nouvelles générations.

Sans jouer les catastrophistes ou les oiseaux de mauvais augure, on sent parfois que l'Humanité est menacée. Le triste exemple du cèdre du Liban de Jean-Pierre en est une métaphore. Dans un chapitre précédent, on évoquait l'importance du lieu dans nos vies. Si l'on s'acharne pour des mobiles souvent futiles à le mutiler, alors véritablement, on scie la branche sur laquelle on est assis. N'est-ce pas, Monsieur Molière ? Ai-je besoin d'ajouter la branche du cèdre ?

Oui, mais voilà, et fort heureusement il y a des personnes comme Jean-Pierre qui seront toujours là pour nous rappeler que l'on peut s'agripper à une autre branche. Tant qu'il y aura des arbres.

L'homme qui a planté plus de 10 000 arbres n'arrive pas à s'avouer vaincu. Il ne veut pas perdre cette bataille. C'est sa nature. Il se définit comme un gagnant. « La gagne » est une de ses expressions fétiches. Il ne s'agit pas de vouloir gagner pour battre l'autre, pour l'humilier ou pour le rabaisser. Non, cet état d'esprit a un tout autre objectif. Gagner contre quelqu'un, c'est toujours une défaite. Pompeusement, nous pourrions dire qu'il s'agit de gagner pour faire triompher le bien. Plus humblement, il s'agit de gagner pour faire un pas dans le bon sens. Gagner pour quelque chose.

Il l'a encore prouvé dernièrement en remportant le trophée du manager de l'année 2023. Il a mené une campagne sans répit sur LinkedIn.

Je sens qu'il échangerait même ce trophée pour la survie de son cèdre. Un sceptre contre un cèdre ! Et si le sceptre du roi, puisque l'on est tout près du château de Versailles, devenait magique ? Comme dans un conte de fées.

Le château de Versailles est l'un des monuments les plus connus dans le monde. Les touristes viennent de tous les continents pour visiter sa galerie des Glaces et ses jardins enchanteurs. Je le connais plutôt bien personnellement. J'étais journaliste dans la ville royale au début de ma carrière. J'ai écrit des centaines d'articles ici, notamment sur le fabuleux spectacle des « grandes eaux de Versailles ». Il nous entraîne dans un véritable voyage dans le temps qui se déroule dans le jardin du Trianon et le bassin de Neptune.

Le contraste entre d'un côté la bande-son, les jeux de lumière et les feux d'artifice qui sont des technologies de pointe, et de l'autre côté les grandes eaux du bassin de Neptune qui ont été construites au XVIIe siècle, est saisissant, curieux et étonnant.

J'en garde, comme des centaines de milliers de personnes, des souvenirs impérissables.

Même s'il reste le symbole du pouvoir temporel, on pourrait presque dire que le château de Versailles est un lieu saint. Il est intouchable même à des milliers de mètres de distance. On ne fait pas ce que l'on veut autour du château. Les rigoureux et méticuleux architectes des bâtiments de France veillent au grain.

Et ils sont prêts à dégainer leurs épées tels des mousquetaires du roi de France si l'on déclenche une alarme.

Et là, inattendu, à l'une des fenêtres du château, j'ai l'impression de voir une silhouette familière. Un héros moderne, il ressemble à un d'Artagnan contemporain qui a mis en fuite une armée de tronçonneuses, mis à genoux des ennemis de la nature et sauvé un symbole de liberté.

Je laisse la parole à Jean-Pierre pour vous annoncer avec fierté et sans fioriture :

> *« Le cèdre ne pourra pas être abattu, car ce cèdre est dans le périmètre des "5 000 mètres de la chambre du Roi" ! Il se situe donc en zone "Architectes des Bâtiments de France", dite zone ABF, qui est absolument protégée. »*

La culture sauvera l'Humanité ! L'art sauvera le monde ! La beauté sauvera la planète !

La chambre du Roi a sauvé ce cèdre du Liban.

Je suis certain que lors de votre prochaine visite au château de Versailles, vous ne verrez plus la chambre du Roi du même œil, et en regardant par la fenêtre, vous apercevrez peut-être cet arbre gracié par le Roi lui-même.

La gagne !

« La gagne avec l'index levé au ciel comme l'ancien champion olympique et recordman du monde du 200 mètres, l'Italien Pietro Mennea. »

« La gagne ! » Jean-Pierre adore cette expression, car c'est devenu pour lui une philosophie de vie. Comme lors de ses sauts en longueur et comme les courses de Pietro Mennea. En 1980, à la sortie du virage lors de la finale des Jeux olympiques à Moscou, l'Italien est en retard par rapport à ses trois principaux adversaires. Tout semblait perdu. Faisant preuve d'une résistance extraordinaire, il va les dépasser un à un. C'était comme si les autres n'avançaient plus alors que lui maintenait avec rage sa vitesse. Mais si on se souvient encore de ce personnage hors du commun, c'est surtout pour son geste, un rituel qui accompagnait chacune de ses victoires. Il levait le doigt vers le ciel pour interpeller Dieu et lui dire à la limite de l'impertinence : « Regardez, c'est moi le vainqueur. Ne l'oubliez pas. »

Pietro Mennea était un athlète plutôt maigrelet. Le contraste était saisissant face à ses adversaires : un Britannique, un Cubain et un Jamaïcain. Il a découvert son talent en faisant des courses contre des voitures de sport sur 50 mètres. Le plus rapide, c'était lui, pas les bolides. Avec l'argent des paris gagnés, il allait au cinéma. Il aimait défier les autres.

Ce n'est donc pas surprenant que Jean-Pierre le cite en exemple. Ils sont de la même trempe. L'un sur les pistes d'athlétisme entre les JO de Munich en 1972 et ceux de Séoul en 1988, l'autre dans les salles, les bureaux ou les usines d'UPSA en 1987 à URSA en 2023.

« D'URSA à UPSA », c'était d'ailleurs un titre amusant pour ce livre. Mais je crois que « La Gagne ! » en dit plus sur l'histoire et la personnalité de Jean-Pierre. Il reflète mieux la mentalité d'un dirigeant qui aime transmettre aux autres son enthousiasme, son sérieux et sa bonne humeur.

Sans cette volonté de gagner, le cèdre du Liban serait tombé injustement sous les chaînes des tronçonneuses. Comme Mennea, Jean-Pierre était en retard à la sortie du virage, mais à la fin, c'est lui qui franchit la ligne d'arrivée avec deux centièmes de secondes d'avance.

Dans son magazine, la ville de Chaville en a profité pour publier un dossier sur les arbres en rappelant que les arbres étaient protégés et qu'on ne pouvait pas les abattre pour un oui ou pour un non, même chez les particuliers, et que l'arbre a même des super-pouvoirs. Ils expliquent ainsi qu'il est un acteur de la qualité de l'air, un moteur de la biodiversité, un booster de santé physique et psychologique, un allié contre le changement climatique. Une communication opportune.

L'aventure du cèdre du Liban révélée par Jean-Pierre a fait l'effet d'une bombe et a provoqué une prise de conscience salutaire. Chaville compte encore 763 arbres sur son espace public et pas un de moins.

Chaque victoire est une nouvelle brique dans la carrière de Jean-Pierre. Chaque défaite aussi, car on ne peut pas gagner à tous les coups. Ce n'est pas un aveu de faiblesse, mais c'est tout simplement dans l'ordre des choses que les autres gagnent à leur tour.

Et comme le révèle cette histoire, il s'agit avant tout de défendre de bonnes causes. Car finalement, ce n'est pas seulement Jean-Pierre et son ami David qui ont gagné, mais par leur acharnement à défendre ce cèdre, ce sont tous les habitants autour de la chambre du Roi au château de Versailles qui ont gagné.

Quand Pietro Mennea remportait une course, c'est tout un pays qui gagnait avec lui et était fier. Là, c'est la même chose à une échelle locale, même si en y réfléchissant un peu plus, on pourrait dire que c'est la planète entière qui en profite. Bien sûr, c'est une goutte d'eau dans l'océan, ou plutôt, une graine dans la forêt, mais chaque goutte ou chaque graine a son importance.

Ces gouttes rempliront les océans et ces graines prendront de l'ampleur, si et seulement si des journalistes, des écrivains ou des storytellers prennent la peine de raconter avec éclat leurs histoires.

C'est pour cela que le livre de Jean-Pierre a sa dignité, son droit d'exister. Comme le cèdre du Liban.

Gagner ne suffit pas

« *J'aurais aimé rencontrer Pelé. C'était un champion avec de belles valeurs comme l'humilité, qui a réalisé des performances exceptionnelles et qui a eu un énorme impact sur les autres.* »

Quand Pelé a remporté sa première Coupe du monde de football avec l'équipe du Brésil en 1958, Jean-Pierre n'était pas encore né. Lors de sa troisième victoire en 1970, il avait 7 ans. S'il lui reste quelques souvenirs, ils sont immanquablement enfouis dans un coin perdu de sa mémoire.

Mais c'est quand même étrange. Comment peut-il admirer un champion qu'il n'a pratiquement pas vu jouer ?

Moi aussi, je considère Pelé comme le plus grand sportif de tous les temps. Pourtant, je n'avais que deux ans en 1970. Pour moi, il est plus fort que Maradona que j'ai pourtant vu jouer et que j'ai même rencontré pendant plusieurs heures en 1994. C'était à Disneyland Paris. J'ai même fait la une du *Parisien* le lendemain.

Alors, comment est-ce que je peux préférer Pelé, que je n'ai jamais vu jouer, à Maradona ?

La réponse se résume admirablement en un mot. Un mot qui tient une importance grandissante dans notre société hyper médiatisée. Ce mot, c'est réputation.

Comment la définir simplement ? La réputation est ce que l'on dit de vous. Avec le temps, la réputation est ce qu'il reste de vous et que l'on a envie de raconter aux autres. Avec la réputation, vous traversez les âges. C'est l'unique façon que les êtres humains ont trouvée pour devenir immortels… jusqu'à maintenant.

Mark Zuckerberg (Facebook), Jack Dorsey (Twitter), Reid Hoffman et Allen Blue (LinkedIn), Kevin Systrom et Mike Krieger (Instagram), Jawed Karim (YouTube), Jan Koum (WhatsApp) ou encore Zhang Yiming (TikTok) ont mis à notre disposition de nouveaux vecteurs de réputation : les réseaux sociaux. Tout va alors plus vite, vous devenez une idole en quelques posts et une fraction de seconde. Mais vous pouvez aussi vous précipiter au fond d'un puits en un seul mot, une seule phrase, une seule image ou une seule vidéo. Il n'est pas rare que l'un de ces prétendus influenceurs soit jeté aux oubliettes.

Plus que la performance, c'est la réputation qui compte.

Pietro Mennea est un athlète de haut niveau parmi des milliers et un champion olympique parmi des centaines. Pourtant, Jean-Pierre le cite comme un exemple, et il n'est pas le seul à se souvenir de cet athlète-là. Pas d'un autre.

Alors, pourquoi se souvient-il de Mennea plutôt que du Jamaïquain Don Quarrie (vainqueur de la même discipline à Munich en 1972) ou encore du sprinteur américain Mike Marsh (à Barcelone en 1992) ?

Là encore, la réponse tient en un mot, le même mot : la réputation.

Mais en quoi la réputation de l'un devient-elle plus importante que la réputation de l'autre ?

C'est lié à la personnalité ou, pour être plus précis, à ce qui fait que ce champion était différent des autres. C'est le cas de Pietro Mennea et de son doigt levé vers le ciel. Un simple geste unique l'a rendu immortel à nos yeux. Il avait un truc en plus.

Avec ce geste, il n'a pas seulement couru et gagné, il nous a raconté son histoire avec une humilité touchante.

Alors, la volonté de gagner, c'est important, mais cela ne suffit pas à définir ou à décrire une personne. C'est clairement insuffisant si on veut marquer les mémoires. Jean-Pierre Laherre aime cette expression et l'utilise souvent, mais quand il gagne, c'est autre chose que l'on retient. Dans mes articles, j'aime bien citer sa bonne humeur, par exemple. Elle est indissociable du dirigeant du bâtiment qui a brillamment remporté le trophée Action Co du manager de l'année, une belle reconnaissance de la part du média leader en France sur l'information B2B et l'animation de la communauté professionnelle des dirigeants commerciaux. C'est une reconnaissance attribuée par ses pairs. On pourrait extrapoler en osant dire qu'il est devenu prophète en son secteur.

Mais là encore, ce n'est pas la seule brique de sa personnalité. Pour aborder un autre aspect, après d'Artagnan et Cyrano de Bergerac, je vais encore citer un personnage de la littérature mondiale. Qui ne s'est jamais senti comme Don Quichotte, car il a eu l'impression de lutter contre des moulins à vent ? Ces moulins à vent sont souvent des usines administratives. C'est justement ce qu'il vient de se passer dans la famille Laherre en ce début d'année.

« Ce mardi matin, je viens de recevoir une bonne nouvelle. Lucas, mon beau-fils, vient de décrocher [à entendre sa voix, c'est comme si Jean-Pierre venait de remporter une médaille olympique] son visa pour l'Australie. Ouf ! Il était temps, car l'avion part ce samedi. En plus, comme

il est mineur, c'est encore plus compliqué. Cela a été une épopée et un concours de persévérance. »

Jean-Pierre évoque alors « des tonnes de formulaires à remplir », un site web « rempli de bugs » et pour aider les internautes « des robots ».

« Je voulais absolument parler avec quelqu'un, alors j'ai décidé d'appeler l'ambassade d'Australie à Paris. Le parcours du combattant se poursuit. Ma seule arme, c'est le clavier numérique du téléphone. Car avant d'entrer en contact avec une personne humaine, il faut répondre aux multiples questions en tapant le bon chiffre. »

En écoutant Jean-Pierre, je me dis qu'il était plus simple de répondre aux oracles de Delphes qu'à l'administration australienne. Même la Pythie aurait eu pitié de Jean-Pierre.

« Finalement, j'ai réussi à parler avec un être fait de chair et d'os. Face à mon énervement courtois, il est resté d'un calme olympien pour tenter de me guider dans les méandres de leur site. Jusqu'au moment où il m'annonce que sa mission s'arrêtait là.

Cette histoire se transformait en un véritable test pour moi, m'entraînant jusqu'aux confins les plus reculés de ma ténacité. Mais ils n'auront pas ma peau ! »

Comme dans un jeu télé, Jean-Pierre s'est dit qu'il allait utiliser son joker en appelant un de ses amis au Medef. Mais il a préféré user de la ruse.

« J'ai tenté le tout pour le tout. Après une conversation ubuesque de plus de deux heures en pleine nuit en France, j'ai fait une ultime tenta-

tive sans révéler le véritable objet de mon appel pour sortir enfin de ce labyrinthe inextricable. »

Et là, c'est le miracle. La fourberie de Jean-Pierre s'est révélée être la bonne inspiration, une muse à la voix douce lui répond.

« Elle me demande juste le numéro de passeport de mon beau-fils et une taxe de 60 euros à payer. 24 heures plus tard, Lucas avait son visa pour un an.

Moralité : pourquoi faire simple quand on peut faire compliqué ? Un peu de patience est indispensable pour trouver les bons chemins. J'aurai mis du temps, perdu des heures de sommeil et laissé couler sur mon front des gouttes de sueur, mais ma persévérance a payé et m'a conduit vers cette charmante jeune femme facilitatrice. »

Cette histoire nous en dit plus long sur la réputation de Jean-Pierre que n'importe quel autre discours.

« Bref, cette fois-ci, j'étais presque résigné. Il s'en est fallu d'un souffle pour que j'accepte la défaite. Mais non, ma bonne étoile ne m'avait pas abandonné. Bien sûr, j'y ai mis du mien en faisant preuve de ténacité. Mais j'ai aussi puisé en moi l'énergie suffisante pour ne jamais faiblir. Je répétais dans mon subconscient que le match n'est pas terminé avant les trois coups de sifflet de l'arbitre. »

Et avec Jean-Pierre, l'arbitre, autrement dit celui qui dirige, c'est habituellement… Jean-Pierre !
N'oubliez pas non plus que Jean-Pierre est fan de Johnny. Alors forcément, il a quelque chose en lui de la « rock'n'roll attitude ». Les paroles de cette chanson sont révélatrices de son état d'esprit. Voici un couplet :

« J'veux encore essayer
Mais toi
Lutte pour écrire ton histoire
Lutte pour garder ta mémoire »

Lucas s'en souviendra quand il sera en train de surfer sur les belles plages d'Australie et je suis certain qu'il enverra une belle carte postale à Jean-Pierre.

Et il sera là ce soir dans ce stade comme toute sa tribu, c'est comme ça qu'il nomme sa famille. On a déjà fait connaissance avec Blandine et Lucas dans ce chapitre. Bientôt, il nous parlera mieux de sa sœur. Je viens juste de serrer la main à son frère Jacques.

« C'est un directeur financier qui a travaillé dans de grands groupes en France, mais aussi aux USA et au Royaume-Uni. Il a un profil international qui l'a amené aussi en Inde, en Algérie et au Maroc. C'est un grand sportif qui aime courir. Sur ce stade, il se sent dans son élément. »

Encore un Laherre qui mériterait de recevoir un trophée pour sa carrière. Qui sait s'il aurait lui aussi envie d'écrire un livre retraçant son parcours ? Je lui poserai la question plus tard.

« Je te présente aussi mes filles, Hélène, l'aînée, Caroline, la cadette, et Marie-Laure, la benjamine. Hélène aussi a beaucoup voyagé. Elle a travaillé en Belgique, aux Pays-Bas, au Brésil. Elle est manager dans le contrôle de gestion.

Tu connais déjà Caroline. Elle est responsable CRM pour un fonds d'investissement et collaborait auparavant en tant que RevOps dans une agence parisienne de marketing digital… que tu connais. »

J'ai eu en effet l'honneur de voir mon blog classé parmi les cinq blogs à suivre absolument dans un article publié par les fondateurs de Markentive, en particulier l'actuel SEO Christian Neff. Voici ce qu'il écrivait à l'époque :

> *« Derrière ce site (morethanwords) se cache Denis Gentile, un "concepteur-rédacteur web, blogueur et community manager" au parcours professionnel tout-terrain. En parcourant son blog, on ne peut que constater à quel point ce gars-là aime écrire (c'est un véritable écrivain qui a déjà publié deux livres) et possède un véritable don pour le storytelling. »*

C'est un clin d'œil du destin, car deux ans plus tard, Jean-Pierre a estimé que j'étais la bonne personne pour coécrire ce livre que vous êtes en train de lire.

> *« Et voici la petite dernière, Marie-Laure. Elle est ingénieure, responsable sécurité-sûreté chez Veolia. Elle est passionnée par la photographie. Elle a déjà fait des expositions à Paris notamment.*
>
> *Encore un mot sur Lucas qui n'est pas seulement le voyageur qui a envie de vivre des moments exaltants en Australie. Il vient de démarrer des études supérieures et il se destine à une carrière d'architecte.*
>
> *Et sur mon épouse adorée qui est directrice des ressources humaines à temps partagé. »*

Jean-Pierre sait qu'il peut compter à tout moment sur chacun d'entre eux. Comme ils savent pertinemment qu'ils peuvent compter sur lui à toute heure de la nuit.

Une réputation se mérite, une réputation se cultive, une réputation responsabilise.

Tampi

« *Quand j'étais gamin, mon expression favorite était "tant pis". Je la prononçais à chaque fois que je faisais des bêtises. J'ai dû en faire des tonnes, à tel point que ma sœur aînée Élisabeth m'a surnommé "Tampi". Elle a sept ans de plus que moi et elle est extrêmement brillante. Elle a terminé son cursus à HEC alors qu'elle n'avait que vingt ans, puis elle a suivi des études de droit social pour devenir avocate. C'est une référence dans son domaine. Elle a publié un livre,* Le Contrat de Travail, *et elle est régulièrement sollicitée par des médias comme LCI pour donner son avis d'experte sur des sujets comme sur les fraudes au chômage partiel.* »

Le moins que l'on puisse dire, c'est que la réputation de la sœur de Jean-Pierre n'est pas usurpée. Son avis fait autorité dans son métier et dans sa tribu aussi. D'ailleurs, cela donne encore plus de valeur à cette anecdote sur le surnom de son frère. Est-ce qu'elle l'appelle encore comme ça ? On pourra lui demander, car ce soir, dans ce stade, elle sera présente bien entendu.

Et vous, avant de lire ces lignes, saviez-vous que Jean-Pierre avait ce surnom ? Certainement pas. Pourtant, cela dit bien quelque chose de sa personnalité. Cela s'inscrit dans la continuité des chapitres précédents sur cette irrésistible envie de gagner.

Alors, quand Jean-Pierre ne gagne pas, je l'imagine bien dire ou même penser en son for intérieur : « Tant pis. » Plus précisément : « Tant pis, on va faire autrement, on va trouver une autre solution, un autre chemin. »

Ce « tant pis » n'est pas une résignation, au contraire, c'est une saine réaction. Il n'est pas du genre à rester planté là comme ce poteau de corner qui est là devant moi. Fatalement, à un moment ou un autre, il lui arrive de mettre un genou à terre, mais il se relève spontanément. Il sait rebondir, une qualité évidente pour un passionné de tennis.

C'est une force de caractère qu'il a développée comme un habitus. On pourrait dire de façon simple qu'un habitus est un comportement que l'on a acquis par la répétition d'actes et qui forge notre façon d'être ou de réfléchir.

Il faut être attentif à ce que l'on dit, car inconsciemment, on risque de créer un habitus qui nous détermine à agir. Choisissons bien nos mots et nos expressions. Évitons, par exemple, les jugements de valeur négatifs. Jean-Pierre a eu de la chance, d'autres ne l'ont pas. Il serait intéressant de connaître les expressions que l'on utilisait tout le temps quand on était petit et de voir si cela a eu une influence sur notre personnalité.

En racontant cette anecdote sur son enfance, on est d'ailleurs en train de forger une nouvelle réputation à Jean-Pierre. Je ne serais pas surpris si certains d'entre vous l'interpellaient amicalement avec ce surnom qui vient de resurgir de son passé.

Qui sera le premier à tenter un « Tampi » ?

Et lui avouer à son tour son petit surnom, lié à une expression, que l'on donne aux enfants ? Par exemple, je vais jeter la première pierre, ma tante me surnommait « Je sais ». J'ai dû faire des études de philo pour me rendre compte que je ne savais rien.

Comme nous l'avons souvent entendu, la réputation nous précède. La plus communément reconnue chez Jean-Pierre, c'est sa fameuse bonne humeur. Il vous accueillera donc avec un grand sourire et les bras ouverts. Il sera fier aussi de constater que vous avez lu son livre.

Effectivement, la réputation nous précède. Avez-vous déjà réfléchi à ce précepte ?

Je vais vous faire une confidence. Une grande partie de ce livre a été écrite à Milan pendant mes moments libres. Écrire pour moi, c'est mon passe-temps favori. Bien sûr, c'est aussi mon métier. Mais là, je n'ai pas voulu aborder ce projet comme la classique interview d'un professionnel du bâtiment. Jean-Pierre le sait et il a accepté ce risque. Je suis un narrateur qui vous raconte l'histoire de Jean-Pierre telle que je l'ai comprise et ressentie. Autrement dit, l'histoire que vous êtes en train de lire est passée par mes filtres. On y retrouve donc un peu d'Italie, un peu d'histoire de l'art, un peu de Disney, un peu de mes rencontres et un peu de philosophie.

Justement, ce matin, je lisais un chapitre d'un livre sur des artistes de la Renaissance, notamment Michel-Ange et Léonard de Vinci. Une phrase m'a particulièrement marqué. La voici :

« C'étaient des Turcs, de terrifiants soldats dont tout le monde parlait avec effroi, mais que personne n'avait jamais vus ! »

Cette armée turque fait donc son entrée à Milan précédée par sa terrible réputation. Cet extrait permet de boucler la boucle du chapitre précédent en répondant affirmativement à la question : peut-on parler de quelqu'un sans jamais l'avoir vu ?

Au moment de rencontrer votre public ou vos clients, il faudra alors vous montrer à la hauteur de votre réputation.

C'est à ce moment-là qu'on jugera de votre authenticité.

On va alors se demander : ne racontiez-vous que des histoires ? Traduisez des balivernes. Ou votre réputation est-elle réellement justifiée ?

Si tout se passe bien, le public applaudira, vos clients seront satisfaits. Vous allez alors transférer votre réputation dans les mains de vos clients. Ils seront la nouvelle voix de votre réputation.

Les réseaux sociaux sont de formidables outils pour cultiver cette réputation. On ne peut pas lancer une start-up ou être un chef d'entreprise en faisant l'impasse sur cet aspect. Avec Jean-Pierre Laherre, on est à bonne école.

Alors, ne tirez pas sur les réseaux sociaux, mais apprenez à utiliser tout leur potentiel. Il en va de votre réputation. Et si vous n'y arrivez pas, dites-vous qu'il n'y a pas de « tant pis » qui vaille.

Tamam

« *Tamam, Tamam, tamam, tamam… ! C'est le OK, OK, OK, OK… en turc comme on l'entend dans certains films avec Eddy Murphy. Dans cette belle ville d'Istanbul, je me suis retrouvé plusieurs fois avec des clients dans des moments atypiques.*

Je me souviens d'une soirée avec six mille personnes dans un fort où chaque invité était habillé en blanc. L'ambiance était digne des soirées de Gatsby le Magnifique, à la fois fastueuses et extravagantes. C'est le genre de moments qui restent gravés dans votre vie. Je me dis même que j'aurais bien aimé vivre dans les années folles et la peau d'un Gatsby, mais sans la fin tragique de son histoire.

Je me souviens de deux autres épisodes absolument extraordinaires et inoubliables à Istanbul. J'avais amené mes deux plus gros clients en hélicoptère. Nous étions partis du haut d'un gratte-ciel dans le centre de la ville pour aller dans une usine située à quarante-cinq minutes de vol. Nous avons survolé le magnifique Bosphore. C'était tout simplement magique. L'effet wow était garanti.

Mais un jour, l'un de mes clients me rappelle pour évoquer ce fabuleux voyage. C'était quelques mois plus tôt, les images étaient encore fraîches dans notre esprit. Il m'apprend que ce même hélicoptère sur lequel nous avions vécu des émotions si fortes s'était malheureusement crashé lors d'un terrible accident par un temps de brouillard extrême.

Un long silence s'en est suivi.

Nous étions choqués.

Quand j'y repense, rétroactivement, l'émerveillement se mêle à l'horreur. »

Comme le disait Charlie Chaplin : « Quand le destin se mêle du sort des hommes, il ne connaît ni pitié ni justice. »

Istanbul tient une place particulière dans ses souvenirs. Jean-Pierre a souvent voyagé avec ses clients. Des aventures qui sont autant de briques dans la construction de son histoire. Il nous offre un billet pour un tour du monde qui après la Turquie passe par Barcelone, la Corée du Sud, les Vosges et Londres. Voulez-vous venir avec lui ?

« Tamam ! » J'ai cru entendre votre réponse.

> *« Didier, mon ami et partenaire, a organisé un séjour incroyable à Barcelone. Il a d'abord privatisé la "Casa Milà" surnommée "La Pedrara", car elle ressemble à une carrière à ciel ouvert. Une véritable œuvre d'art signée du génial architecte catalan Antoni Gaudí. Nous en avons pris plein les yeux dès le premier soir avec le spectacle son et lumière que l'on peut admirer sur le toit-terrasse du bâtiment. Encore une fois, c'est un enchantement total.*

> *Le lendemain, nous nous retrouvons dans la baie de Barcelone pour disputer une course avec six bateaux de compétition. Mes clients et mes équipes se sont challengés avec le support de six skippers professionnels. Un moment unique ! Nous vivions une sorte de paradoxe, car nous respirions à pleins poumons, mais nous ressentions des émotions fortes à couper le souffle. »*

À Barcelone, la compétition saine et la beauté de la nature sont encore au centre de la vie de Jean-Pierre. Comme dans cette autre expérience vécue en France.

Malgré l'exotisme des destinations les plus lointaines, le ton de
la voix de Jean-Pierre devient plus profond quand il parle de ses
aventures en France. La prochaine étape sera plus contrastée.

Les réveils sont parfois bruts et revigorants comme lors de cette
expérience en Corée du Sud. Tout commence en soirée par la
découverte du Soju, un spiritueux sacrément fort et d'une première coutume avec l'un des grands patrons sud-coréens du
groupe : le verre ne doit jamais être vide !

Du Jean-Pierre « pur et dur » dans le texte qui n'a rien à envier
aux meilleurs dialogues de Michel Audiard.

Excellent choix, Jean-Pierre. C'est un morceau emblématique de la bande de Mick Jagger avec une intro à la guitare de Keith Richards qui est gravée dans le panthéon du rock.

D'ailleurs, Mick et Keith sont nés à quelques encablures de Wimbledon. Jean-Pierre nous transporte dans ce stade mythique londonien pendant les Jeux olympiques de 2012.

« La société pour laquelle je travaillais à l'époque a une idée formidable et surprenante. Nous organisons un challenge international pour nos clients dont le premier prix est un voyage tout compris de 48 heures pour assister aux JO… avec moi ! »

Je ne peux pas m'empêcher de rire. Ce n'est pas par manque de respect. Au contraire, même si j'aurais bien aimé recueillir le témoignage du gagnant dans ce chapitre. Qui sait si ce soir, il sera lui aussi dans le public du stade de Nanterre.

Cette anecdote prouve fondamentalement une chose : dans ses fonctions et dans son métier, Jean-Pierre est une star. J'ai pu le constater chaque année quand il monte sur scène pendant la cérémonie des Ze Awards du bâtiment ou dans les allées du salon Batimat. Tout le monde le connaît et quand il s'arrête, un attroupement se forme autour de lui. Notre heureux gagnant va donc passer deux journées mémorables à Wimbledon avec Jean-Pierre.

Jean-Pierre garde en mémoire ses rencontres avec Gilles Simon qui ira jusqu'en huitièmes de finale, Fabrice Santoro qui était là en qualité de commentateur sportif, et Jo Wilfried Tsonga qui remportera la médaille d'argent associé à Michaël Llodra. Une autre paire composée de Richard Gasquet et Julien Benetteau terminera sur la troisième marche du podium. Il faut croire que Jean-Pierre a porté chance aux tennismen français !

Jean-Pierre est intarissable. Il évoque aussi les États-Unis où dans un restaurant il a arrosé une plante avec un verre de Ricard, et le Sénégal pour l'arrivée du Dakar.

Chaque instant et chaque rencontre lors de chaque voyage ont livré des émotions particulières.

Toutes ces émotions constituent des briques de son histoire, et toutes ces émotions, il veut nous les faire partager pendant cette soirée exceptionnelle.

J'ai cru lire sur certaines de ces briques, écrit en blanc avec un pinceau, le mot turc « Tamam ».

Allô Jean-Pierre

« Je crois que j'ai ce don de savoir exprimer simplement des choses complexes. C'est aussi ça, ma réputation. Et c'est sûrement pour ça qu'on me demande d'intervenir souvent dans des podcasts ou des émissions sur YouTube pour parler de la RSE ou de la rénovation énergétique. »

On a cette fâcheuse tendance à croire plus intelligentes les personnes qu'on ne comprend pas ! Elles sont épatantes, car elles emploient des mots qu'on ne connaît pas et elles étalent, comme le disait avec humour Pierre Desproges, leur culture comme de la confiture sur une tartine. Et nous, malheureux incrédules, on finit souvent par tout ingurgiter.

Avec Jean-Pierre, c'est tout le contraire, et en option gratuite, des saveurs agréables. Il y ajoute une touche de sucré ou salé, le plus souvent sucré-salé. Des épices parfois amères, mais presque toujours pimentées. Il perçoit intuitivement comment assaisonner ses plats. Il a toujours le mot, l'anecdote, l'exemple ou la comparaison qui vont nous permettre de mieux comprendre ce qu'il dit. On y prend goût. On pourrait dire qu'il a le savoir gourmand.

C'est précisément ce qui m'a guidé pour raconter l'histoire de Jean-Pierre dans ces pages. Car il fallait écrire un livre à son image. Pas seulement dans le contenu, mais aussi dans le style et la forme. Des chapitres courts et dynamiques que l'on a envie de lire et qui nous invitent à apprécier ses propos pour ensuite aller plus loin dans la réflexion.

En d'autres termes, il nous donne des recettes que l'on pourra cuisiner à notre tour en y mettant notre grain de sel.

Autre détail qui a son importance, je voulais donner l'impression que ce livre soit construit devant vous, phrase après phrase, et bien sûr brique après brique, aussi simplement qu'un fameux jeu de construction danois. L'intention est purement ludique et merveilleusement pédagogique. Avec juste ce qu'il faut d'égocentrisme pour avoir l'impulsion suffisante de se lancer dans ce projet éditorial.

Enfin, pour aller au bout de ce discours sur la méthode, nous ne voulions pas vous proposer un pavé ! D'ailleurs, c'est un terme qui appartient à la fois au vocabulaire culinaire et du bâtiment. Ce n'est donc pas un pavé que vous avez dans vos mains et sous vos yeux. On pourrait oser une autre comparaison en rapport avec la carrière récente de Jean-Pierre, c'est un objet aussi léger qu'une plaque de XPS, le polystyrène extrudé.

Cette légèreté est essentielle, car elle nous permet de voir le monde qui nous entoure et de mieux appréhender les solutions. Écoutez ce que Jean-Pierre expliquait dans un épisode d'un podcast intitulé « Recettes Management ». Il déjeunait avec Fabien Lucron dans une brasserie réputée et plutôt populaire sur les réseaux sociaux à Levallois-Perret. Au menu : du homard.

« C'est une belle période pour innover et se distinguer. Le bâtiment est dans cette mouvance. Il faut être simple et proactif pour faire avancer des démarches RSE, notamment environnementales. De ce fait, on a aussi une démarche sociétale, car on donne du sens avec des choses simples et concrètes. »

Il illustre sa méthode en citant en exemple les opérations qui ont permis de planter plus de cinq mille arbres d'abord dans la forêt de Chantilly, puis dans les Landes. Voici les expressions qu'il emploie :

« On ne va pas chercher midi à quatorze heures… »

« Planter des arbres à l'autre bout du monde, c'est très bien, mais le faire en France, c'est plus concret… »

« Il ne faut pas aller chercher des choses compliquées… À chaque interaction sur les réseaux sociaux, on plantait deux arbres. »

« Mes équipes ont adoré ça, car ça donne du sens à leur travail. »

« Je n'ai pas inventé le fil à couper le beurre… »

« L'idée est simple : prendre des photos ! »

« Il ne faut pas philosopher, il faut agir. »

Alors l'éternel étudiant en philosophie que je suis aurait beaucoup à redire sur cette dernière citation. Mais je ne vais pas insister. Je vais juste y répondre avec concision et humour :

« J'adore ta philosophie, Jean-Pierre ! »

Alors, je lui redonne la parole.

« Souvent, j'explique que ce ne sont pas forcément les dirigeants qui ont les meilleures idées, mais les employés qui agissent concrètement sur le terrain. Il faut faire l'état des lieux de ce qui existe déjà en interne. Par exemple, l'idée d'utiliser l'application "Km for Change" qui transforme les kilomètres de course ou de marche en dons reversés aux associations, vient de Shade, l'une de mes collaboratrices. »

En écoutant les interventions de Jean-Pierre, il me vient à l'esprit cette réflexion : le monde des managers se divise en deux.

D'un côté, il y a ceux qui débarquent dans l'entreprise avec leurs gros sabots et leur hotte remplie de leurs idées préfabriquées. C'est un peu comme dans un célèbre sketch de Thierry le Luron où Georges Marchais arrivait avec ses réponses, même si elles ne correspondaient pas du tout aux questions qu'on lui posait.

De l'autre, il y a ceux comme Jean-Pierre qui ne se confinent pas dans leur bureau ou dans les salles de réunion, car ils savent déjà que les bonnes idées sont généralement partout dans l'entreprise, dans les usines ou autour des machines à café. C'est un immense terrain fertile où il suffit d'ouvrir les yeux, d'écouter et d'être curieux, où il suffit de donner la parole à ses employés et collègues.

Le pragmatisme de Jean-Pierre est remarquable et exemplaire. Poussé à l'extrême, il serait même lassant, rasant, voire énervant. En effet, ses détracteurs n'hésiteraient pas à lui faire remarquer que « ses » arbres, même par milliers, ne sont qu'une goutte d'eau dans l'océan. Mais c'est sans compter sur le sacré coup de patte de Jean-Pierre.

« Connaissez-vous la légende amérindienne du colibri ? Ce colibri est celui qui fait sa part en allant chercher de l'eau dans la rivière pour contribuer à éteindre un gigantesque feu de forêt. Pendant ce temps-là, la plupart des autres animaux fuient devant le danger. Ils trouvent même le colibri notablement ridicule. On entend des cris qu'on pourrait traduire ainsi : ne perds pas ton temps, ça ne sert à rien ce que tu fais, tu ne vas jamais y arriver, laisse tomber et pense à sauver tes plumes, ne joue pas au héros, tu n'as pas la carrure, c'est foutu, tu ne vas pas changer le monde, etc. Et le colibri leur répond sans démordre : détrompez-vous mes amis, car je fais ma part. »

Il est bien élevé, son colibri. Le mien leur aurait répliqué de clouer leur bec et de bouger leurs fesses ! C'est certainement une question de signe astrologique. Je suis Bélier, donc fonceur, et Jean-Pierre est Gémeaux, il est donc toujours prêt à aider et à communiquer.

La morale qu'il tire de cette histoire est remarquable et elle sied comme un gant, ou devrais-je plutôt dire comme une couverture, à ce livre.

> *« Il ne s'agit pas d'être résigné, mais chacun d'entre nous amène à l'édifice sa petite brique, ici son filet d'eau, et ça fait avancer les choses, ou le schmilblick, aurait dit Coluche. »*

Ce soir, dans ce stade, on est tous des colibris. Tous les spectateurs sont en fait des acteurs dans la vie de Jean-Pierre. Et en tant que tels, ils ont tous à un moment ou un autre apporté leur petite brique à l'édifice qu'il a construit.

On est tous des colibris, c'est aussi ça le sens « Allcolibri », la start-up qui a permis à Jean-Pierre de réaliser ses opérations environnementales. Tout a un sens dans les actions de Jean-Pierre !

Même si le département des Hauts-de-Seine n'est pas le lieu propice, on peut légitimement se demander s'il n'y aurait pas un colibri qui niche occasionnellement dans le cèdre de Jean-Pierre. Ce qui est certain, c'est que tous les oiseaux avaient déjà entendu cette légende. D'où l'importance de raconter des histoires, de bien choisir ses métaphores et d'utiliser à bon escient le storytelling.

Le vol de Pol

« *Je ne pouvais pas ne pas parler de Pol dans ce livre. Il a sa place. Notamment, le récit de son vol, comme le vol de la Joconde.* »

L'heure est venue de vous présenter un autre animal, on devrait dire un drôle d'animal, et une autre légende, celle que Jean-Pierre, avec la complicité de son équipe, a mise en scène sur les réseaux sociaux.

« *Les faits se sont déroulés pendant le salon Artibat. Tout s'était merveilleusement passé. De retour au siège à Noisy-le-Grand, Aimeline, du service marketing et communication, m'appelle et m'annonce sans détour que l'on a dérobé Pol, la mascotte d'URSA !* »

Première réaction de Jean-Pierre, il lui demande :

« *Est-ce que c'est une plaisanterie ?* »

Connaissant un peu Aimeline, car elle déjà a été mon interlocutrice lors de réunions ou pour travailler sur des articles, une personne sérieuse et appliquée, je peux tranquillement affirmer que ce n'est pas le genre de la maison. Ce n'était donc absolument pas une plaisanterie.

Deuxième réaction de Jean-Pierre :

« *Je lui dis du tac au tac que nous allions faire un avis de recherche sur les réseaux sociaux. Je ne croyais pas une seule seconde que cela se terminerait en happy end. J'imagine que le voleur avait trouvé un magnifique*

costume pour le carnaval. Il allait impressionner tout son monde et de-
viendrait sans aucun doute le roi de la soirée. En plus, il racontera qu'il
a retrouvé ce costume incroyablement comme neuf dans le grenier de ses
grands-parents. Un voleur sait aussi parfaitement mentir.

Nous ne pouvions pas passer sous silence ce vol. Mais je n'allais pas
non plus porter plainte au commissariat. Ils ont d'autres chats à fouet-
ter. Alors, j'ai pensé que c'était un fait qui allait susciter un fort intérêt
sur les réseaux sociaux. Pourquoi ne pas faire du buzz pour l'entreprise
d'une façon amusante et intelligente ?

Quel buzz ! Plusieurs dizaines de milliers de visualisations, notamment
sur LinkedIn. D'ailleurs, ils sont nombreux à être encore persuadés
que c'était un coup marketing de ma part, renforçant ainsi ma réputa-
tion dans ce domaine. »

Encore une réputation qui colle à la peau de Jean-Pierre. C'est une bonne chose, même si parfois il faut savoir aller au-delà des apparences. Derrière le champion du marketing, on trouve une personne qui vit à fond ce qu'elle pense, ce qu'elle imagine et ce qu'elle fait. Il entre à chaque fois dans la peau d'un nouveau personnage.
Gustave Flaubert disait : « Madame Bovary, c'est moi ! »

Jean-Pierre Laherre pourrait tranquillement affirmer à son tour et avec humour : « Pol, c'est moi ! »

Je les ai rencontrés à Batimat pour une inoubliable séance de selfies ensemble. Ils faisaient les mêmes gestes, ils avaient sur leur visage la même expression, ils avaient tous les deux une envie frénétique de jouer, ils respiraient le même air joyeux, ils trépignaient d'impatience comme des enfants. Quand j'ai ra-conté à Pol que j'avais travaillé quinze ans à Disney et que je connaissais personnellement Mickey, il m'a pris dans ses bras doux comme la laine. C'était son idole et son modèle. Il incarne la réussite, le rêve qui devient réalité.

Jean-Pierre aurait pu rêver de devenir Mickey, Dumbo ou Winnie. Alors, il s'est identifié en Pol. Car il sait que le secret des choses bien faites, c'est l'émerveillement. Le monde du bâtiment a besoin de s'émerveiller. C'est ce que ses voyages et ses événements racontent. Le but est à chaque fois de faire vivre une expérience inoubliable à ses clients. Alors, avec ses équipes, il met tout en œuvre pour les sortir, ne serait-ce qu'un instant, de l'ordinaire.

Avec Pol, on sort de l'ordinaire et du terre-à-terre pour entrer dans un monde magique et fantaisiste. Pol a des super-pouvoirs, il n'a jamais froid, ni chaud. Il est parfaitement isolé. C'est aussi ça le truc qui marche à chaque fois avec ces personnages : la personnalisation.

Walt Disney l'avait bien compris. Dans ses dessins animés, les animaux nous ressemblent. Ils parlent, ils ressentent nos émotions et ils pensent. Cette humanisation nous permet de nous sentir plus proches et pleinement concernés. C'est le même principe quand on baptise nos chiens et chats, ou nos autres animaux domestiques. Ils ont un nom comme nous, comme nos enfants. On pourrait le décrire comme un rite d'identification nécessaire pour faire partie de notre famille.

La particularité de Pol, c'est la personnalisation des produits d'isolation thermique. Une plaque de polystyrène extrudé ou un rouleau de laine minérale de verre, ce n'est pas très sexy ! Pol l'est beaucoup plus. Et on peut aussi communiquer avec lui.

Alors, quand Aimeline annonce à Jean-Pierre qu'on a volé Pol, c'est comme s'il avait perdu quelque chose de lui-même, quelque chose qu'il ne retrouvera peut-être plus jamais.

« *Quelque temps plus tard, lors d'une réunion avec des personnes complètement étrangères à mon activité professionnelle, une personne de chez Orange me demande des nouvelles de Pol.* »

C'est extraordinaire. La réputation de Pol avait dépassé l'univers du bâtiment, comme Mickey n'appartient pas seulement au monde enchanté de l'enfance.

C'est extraordinaire. En général, on nous demande plutôt comment vont nos enfants ou un collègue. C'est la preuve que Pol est un peu le fils de Jean-Pierre ou à la rigueur l'un de ses collègues les plus proches.

C'est extraordinaire. Personne ne demande des nouvelles de votre isolant, de votre parpaing, de votre poutre en acier, de vos petits clous ou de votre marteau.

Le dialogue continue, mais ce n'est pas Jean-Pierre qui réagit en premier. Ça aussi, c'est extraordinaire. Ce n'est plus le seul personnage qui est pris en compte, mais sa légende.

« *Ma voisine me dit : "Mais tu sais, Jean-Pierre, si tu veux, je peux t'aider à faire renaître Pol !"* »

C'est extraordinaire. On est au cœur d'un film d'animation digne de Disney. Alors que tout semble compromis, un nouveau protagoniste, rencontré par hasard, pointe du doigt la solution.

« *J'ai une amie qui est costumière dans des théâtres.* »

Et voilà, de fil en aiguille, Pol va réapparaître.

« *L'opération renaissance de Pol va débuter. Au départ, on m'a fait des propositions pour changer sa tête, mais cela ne me plaisait pas du*

*tout. Je voulais le même ! Ou éventuellement, avec une retouche esthé-
tique sur son sourire. »*

C'est extraordinaire. Le Pol que l'on a volé peut enfin vraiment
ressembler à Jean-Pierre. Ce sourire était indispensable pour
que l'identification soit réussie. Pol a désormais le sourire de
Jean-Pierre.

*« Quelques semaines plus tard, on fêtait le grand retour de Pol. Puis,
sur le salon Batimat, c'était lui la vedette. »*

Pendant notre séance de selfies, Jean-Pierre me dit :

« Pol is back ! On revient de loin, Denis. »

Et moi, je me dis qu'il y avait là une merveilleuse histoire à raconter réhaussée d'un happy end souriant. Mais un article ne
serait pas suffisant. Le chapitre d'un livre est bien plus adéquat.

Ce soir, on espère que Pol pourra monter sur scène ce soir de
façon exceptionnelle pour des retrouvailles touchantes avec
Jean-Pierre qui ne l'a pas vu depuis longtemps. Grand et fort, il
ne lui portera pas une caisse de bouteilles de champagne, mais
remplie de briques.

*« On verra, Denis, je n'en suis pas certain. Aux dernières nouvelles, Pol
serait en convalescence. Je n'ai reçu que de lointaines nouvelles n'étant plus
son maître depuis un certain temps. »*

On verra bien, Jean-Pierre, mais je me pose une autre question :

Comment, d'un point de vue psychique, un autre moi peut-il se
sentir loin de son moi original ?

Seul Pol a la réponse.

La Peste

« *Plusieurs livres m'ont inspiré. Il y a d'abord* 1984 *de George Orwell avec son personnage principal, l'inquiétant "Big Brother". Il est d'ailleurs peut-être en train de nous observer. Ce thème est incroyablement présent et a été décliné sous de multiples formes dans notre société contemporaine.* »

Tu as absolument raison, impossible de ne pas citer ce livre. J'ai envie de dire pour faire le lien avec les chapitres précédents que les grands classiques de la littérature devraient nous inspirer et non pas nous influencer.

« *Dans le même esprit, je veux citer* Le meilleur des mondes *d'Aldous Huxley. Il décrit ce qui pourrait nous arriver de pire, à savoir l'anéantissement de toute part d'humanité en nous. Tout le contraire de ma pensée. Le cœur reste la clé pour notre humanité. Ce sera toujours comme ça et c'est heureux !*

Et puis, La Peste *d'Albert Camus. J'ai appris quelques années après avoir lu ce livre que Camus avait été un élève de mon grand-père, Jean-Achille Laherre, dans un lycée à Alger.* »

On peut faire le lien entre ces deux livres à travers une citation célèbre de la Peste :

« *Ce que l on apprend au milieu des fléaux, c est qu il y a dans les hommes plus à admirer qu'à mépriser.* »

Ce fléau, nous l'avons tous connu sous sa forme moderne, un virus nommé COVID-19.

« *Que dire de nouveau sur cette période que chacun a vécu confiné, si ce n'est qu'il semble que "la misère serait moins pénible au soleil" comme le chantait avec entrain Charles Aznavour ? Entre la mi-mars et la mi-mai, le temps fut magnifique. Du soleil, du soleil et du soleil, sans un nuage gris supplémentaire qui puisse s'immiscer sournoisement dans nos pensées.*

Avec Blandine, on a redécouvert la beauté de la forêt proche de chez nous. Nous faisions de longues balades pour trouver le calme et la sérénité dont on avait besoin.

Car d'un point de vue professionnel, j'avais endossé ma panoplie de Stakhanov, du nom du mineur érigé en exemple par Staline, car il travaillait plus que les autres.

Bref, j'ai travaillé comme un forcené à distance pour garder mes équipes mobilisées, rester en veille permanente sur l'évolution de la pandémie, ses conséquences et les mesures prises par le gouvernement. J'avais transformé mon salon en bureau, une sorte de QG, branché du matin au soir sur BFM TV.

Bref, cela a été le début du télétravail et des visios à rallonge grâce à des applications qui sont devenues incontournables de nos jours. Cependant, je n'étais pas dupe et j'imaginais bien que certains participants, souvent avec la caméra inactive, se prélassaient dans leur fauteuil, les doigts de pied en éventail, et faisaient clairement autre chose pendant ces figures imposées.

Bref, quelques années plus tard, j'avoue que je me suis un tantinet lassé de ce mode de fonctionnement, même si une réunion à distance de temps en temps ne fait pas de mal et reste souvent utile. Sans visio avec toi, Denis, il aurait été plus compliqué, par exemple, d'écrire ce livre. Mais sans nos rencontres à Noisy-le-Grand dans mon ancienne entreprise, sur le salon Batimat ou au cours des cérémonies de remise des Ze

Bref, c'est incontestablement une solution plus pratique par rapport au temps d'avant où il était clairement compliqué de réunir tous les intervenants dans un même lieu et à une même heure. Mais l'engagement généré par une rencontre en chair et os n a pas été remplacé.

Bref, j'estime que même si le digital facilite les échanges, ce n'est pas la meilleure voie pour innover, se faire plaisir et décider. L interaction humaine reste prioritaire.

Bref, je le répète comme un bon enseignant à ses élèves, le cœur demeure la clé pour notre humanité et c est heureux !»

Une autre personne a été providentielle dans la gestion de cette crise. Jean-Pierre a rencontré Christian Clot, le fondateur de l'Institut de recherche sur l'adaptation humaine, lors d'un dîner avec des directeurs commerciaux organisé par « Action Co ». Lors de cette soirée, il a présenté ses voyages et ses travaux. Le feeling passe immédiatement et ils vont développer plusieurs projets ensemble.

« Sept mois avant la crise sanitaire, Christian a organisé pour nous une sorte de Koh-Lanta dans une forêt pendant une journée ! Il a fallu surmonter des obstacles en trouvant des solutions en équipe. Le lendemain, il nous a expliqué son approche d explorateur sur l adaptation humaine. »

C'était la bonne expérience au bon moment !

« Comme quoi, il n y a pas de hasard ! »

Bref, comme dirait Jean-Pierre, la crise sanitaire a redistribué les cartes et ouvert de nouvelles perspectives. C'est aussi grâce au digital que Jean-Pierre a constaté l'aura de son grand-père auprès de ses élèves.

Lui n'avait que trois ou quatre ans quand il a quitté cette Terre. Le Web est alors une chance. Car c'est une immense toile où se dissimulent opportunément de merveilleux trésors. Comme ce témoignage qu'il a déniché sur un blog :

« Les élèves de seconde AB1 eurent durant une décennie un privilège : l'enseignement de lettres classiques du professeur Jean-Achille Laherre. »

Cet ancien élève se prénomme Jean-Paul. Il brosse le portrait de ce professeur atypique à travers son « élégance presque désuète » avec « sa serviette en cuir noir », « son fin visage moustachu », « sa longue silhouette », l'acuité de son « regard teinté d'ironie », son « vocabulaire châtié à la limite de la préciosité » et sa « courtoisie pointilleuse » envers chaque élève.

Il dépeint une classe captivée par son enseignement. Et là, c'est une belle révélation pour moi aussi, on comprend qu'il maîtrise les éléments du storytelling. Car Jean-Achille ne se contente pas de parler des auteurs et de leurs œuvres, non, il les incarne devant une assistance médusée. Il réussit à les transporter dans une machine à remonter le temps pour rencontrer Pascal et Rousseau. Car le but quand on communique n'est jamais, au grand jamais, d'ennuyer les autres. Que ce soit pendant une leçon, dans un article ou dans un livre, on doit essayer de mettre de la joie dans notre façon de transmettre notre savoir, des informations ou des idées. Au premier bâillement ou assoupissement, on doit s'inquiéter.

Bref, il savait rendre vivants ses cours, même si la plupart des écrivains, poètes et philosophes cités étaient déjà morts depuis longtemps.

C'est important de laisser des traces des gens qu'on aime et qu'on a aimés. C'est de cette façon qu'un petit-fils a trouvé des indices et des traces sur la personnalité de son grand-père. Et grâce à ce chapitre, ce sera au tour des petits-enfants et des neveux de Jean-Pierre de découvrir cet ancêtre atypique qui fait la fierté de toute une famille.

« Il aimait beaucoup ma mère et il avait trouvé une expression pour exprimer son affection. Il l'appelait son tendron d'Achille. C'est beau, n'est-ce pas ? »

On a tous, à un moment ou un autre, eu la chance de rencontrer notre Jean-Achille. Le mien, pour ne pas déroger à la loi des Jean-Jean, se nomme Jean-Marie. J'étais en terminale au lycée des Francs Bourgeois à Paris et lui n'avait qu'une dizaine d'années de plus que moi. C'était mon professeur de philosophie. Je n'avais qu'une envie : devenir comme lui. Intelligent, beau, cultivé, passionnant, père de famille, brillant, charismatique, et équilibré. J'étais fan, et comme n'importe quel fan l'aurait fait, je l'ai suivi. C'est comme ça que j'ai choisi de faire des études de philosophie en allant dans la faculté où il enseignait. Plus qu'une matière ou une discipline, j'ai suivi une personne. J'avais mis de l'humain dans mes études, comme aujourd'hui, je mets de l'humain dans le digital. Cet humain si cher à Jean-Pierre Laherre.

Lui aussi a son Jean-Achille et il s'appelle monsieur Galland. Il a eu un rôle immense dans son histoire, car c'était son professeur de théâtre à Passy Buzenval. Immense, car il a forgé le Jean-Pierre que l'on connaît.

« Quand j'étais en classe de cinquième, je n'étais pas aussi décontracté qu'aujourd'hui. Quand les profs m'interrogeaient, je rougissais sûrement. C'est grâce à lui que je suis aussi à l'aise en public, que je monte sur scène sans avoir le trac. J'ai appris à m'exprimer clairement, à porter ma voix et à interagir avec les spectateurs. On jouait du Pagnol. Moi qui étais né à Saint-Cloud non loin de Versailles, je prenais alors l'accent marseillais. Je faisais déjà des imitations. Je me souviens encore du rôle de « Maître Panisse » dans Fanny *qui déclamait : "Alors, Monsieur Brun, vous l'avez bien vu ce bateau ? Ce bateau, c'est un lévrier des mers…" »*

Un autre professeur a aussi marqué la scolarité de Jean-Pierre, un certain Monsieur Rawicki.

« C'était mon prof de français. Il était fan de cinéma et il nous a fait découvrir les grands classiques comme Taxi Driver *de Martin Scorsese ou* 2001 : l'odyssée de l'espace *de Stanley Kubrick. Ensuite, on commentait les films que l'on avait vus. C'était des moments extraordinaires. Bien sûr, je ne pouvais pas m'empêcher de l'imiter. En plus, j'avais capté l'une de ses phrases qui était : "Il convient de noter." Cela donnait toujours un caractère intellectuel à mes propos. »*

Tous ces personnages ne seront pas là ce soir, mais ils marquent une vie et nous avons le devoir d'évoquer leur mémoire. Car ils nous ont inspirés et ils ont laissé des traces indélébiles en nous, comme des tatouages de notre âme.

Alors, il convient de noter pour conclure que les briques de ce chapitre sont bien sûr tous ces romans, ces pièces de théâtre ou ces scénarii que Jean-Pierre a lus, a étudiés ou que son grand-père lui a transmis dans son ADN.

Pierre

« Cette pierre, je ne la quitte jamais. Quand je porte des jeans, je mets ma labradorite dans la petite poche avant droite, celle qui a été conçue pour y placer une montre à gousset, comme devait le faire mon grand-père. Moi, j'y ai trouvé une autre utilité. »

Quand Jean-Pierre commence à me parler de sa labradorite, je ne suis pas du tout étonné. Pourquoi ? Procédons par ordre. Il me fait de grands gestes pour me dire de venir. Je le vois discuter avec une petite femme souriante et rayonnante. Je ne la connais pas encore, mais je crois déjà la reconnaître.

« Denis, je te présente Gaëlle la fée, c'est elle qui m'a offert cette labra-dorite », me dit-il en la sortant de sa watch pocket.

Bingo ! Je l'avais deviné, j'avais reçu ses ondes positives. Elle me tend la main, je ressens immédiatement une sensation de bien-être. Elle respire la sérénité. Elle me raconte qu'elle est une amie de la femme de Jean-Pierre.

« Oui, elles se sont rencontrées chez Grohe, Blandine était DRH et Gaëlle travaillait au service clientèle. Elle me rappelait qu'elles avaient fait un splendide voyage en Égypte ensemble.

Cette labradorite est vraiment magnifique. Elle trouvait que cette pierre correspondait bien à ma personnalité, qu'elle me transmettrait de l'éner-gie et qu'elle pourrait me protéger des esprits négatifs. Elle avait bien raison. »

Sans être un expert, je ne suis pas ignare en la matière. La labradorite est connue comme la pierre des soignants. Pourquoi ? Car elle a la propriété d'absorber toutes les négativités et les souffrances autrui. Elle agit comme une éponge ou un bouclier. Par exemple, elle va libérer mentalement un médecin qui écoute et ausculte son patient. Il peut ensuite vaquer à ses occupations l'esprit serein. D'autres professions sont confrontées à l'écoute des problèmes des clients. C'est le cas d'une personne qui travaille dans un service clientèle comme Gaëlle. Quand elle l'a offerte à Jean-Pierre, elle en connaissait parfaitement les actions bénéfiques.

Un dirigeant comme Jean-Pierre est soumis toute la journée à la pression inhérente à ses responsabilités, aux attentes constantes de ses employés et à l'envie de réussir. Dans ses rencontres, cette pierre joue aussi un rôle surprenant.

« Je ressens ses bienfaits lorsque je rencontre des personnes qui me cassent les pieds. Avec ma labradorite dans la poche, elles deviennent même sympathiques ! »

Jean-Pierre manque rarement d'humour. D'ailleurs, on peut légitimement se poser la question suivante : la labradorite serait-elle aussi le secret de sa bonne humeur ?

Oui et non.

Oui, car elle contribue certainement à l'apaiser dans certaines situations.
Non, car cela ne fait que cinq ans qu'il ne la quitte plus. Avant, il était le même. Il n'a pas changé. Mais rappelons-nous ce que Gaëlle la fée lui a dit : « Elle correspond à ta personnalité ! »

Autrement dit, lui et la pierre sont sur la même longueur d'onde. Jean-Pierre est comme cette pierre. Elle est une partie de sa signature. Ils s'entendent comme larrons en foire. Ils agissent de connivence.

La labradorite n'est pas sa kryptonite. On donne parfois une valeur destructrice aux pierres. Mais c'est souvent le contraire. On a tant à apprendre de ces pierres, qu'elles viennent des montagnes ou de l'univers.

Un grand réalisateur comme Stanley Kubrick en avait déjà eu la formidable intuition dans *2001 : l'odyssée de l'espace*. Un film que Jean-Pierre a vu et revu, commenté, discuté et disséqué en cours de français avec ses camarades de classe et son professeur.

Le protagoniste absolu est un monolithe monumental d'origine extraterrestre. Il joue le rôle central et mystérieux dans l'évolution de l'histoire de l'Humanité, du début à la fin du film.

De ce monolithe se dégagent une fascination et une force qui nous poussent à réfléchir et à trouver des solutions. Comme ce singe qui, après avoir touché cette pierre rectangulaire, prend en main un os qu'il va utiliser comme une massue et qui lui permettra notamment de chasser. C'est le premier outil de l'histoire de la vie terrestre. Un monolithe est donc à l'origine de l'évolution de nos pensées et de notre créativité. Après avoir revu cette scène, qui est certainement le summum de l'utilisation du storytelling dans l'art cinématographique, je ne regarderai plus jamais un marteau de la même façon.

D'un autre côté, en restant sur cette ligne humoristique, je ne suis pas certain de comprendre le bon fonctionnement de chaque outil en le touchant simplement du doigt. Certains de nos artisans, j'en citerai quelques-uns plus tard, possèdent ce don, je ne l'ai pas.

Tous les chemins de la vie de Jean-Pierre s'entrecroisent, les arguments se recoupent, les anecdotes se répondent.

Les briques de ce chapitre, ce sont les pierres comme les labradorites ou le monolithe de Kubrick. D'ailleurs, les briques ne sont rien d'autre que des pierres que l'on fabrique.

Toutes ces briques ou ces pierres ont un sens et une place dans nos vies. Elles émettent des vibrations qui nous apaisent, nous inspirent, nous émerveillent et nous stimulent à avancer, à grandir, à nous révéler. Elles sont également suffisamment poreuses pour filtrer ou même absorber nos peines et nos douleurs, nous délivrer du mal ambiant.

Toutes ces briques ou ces pierres s'imprègnent de nos vies, de nos actes, de nos paroles, de nos relations. Elles s'imprègnent de ce que nous sommes.

Depuis plus de trente ans, Jean-Pierre travaille dans le secteur du bâtiment. La métaphore des briques était une évidence, presque trop banale, mais comme souvent, quand on creuse un peu pour aller au fond des choses, on dévoile des raisons plus subtiles qui viennent confirmer l'idée de départ.

Mais ce n'est pas tout.

Les pierres donnent de la stabilité. Une montagne, si ce n'est celle de Mahomet, ne se déplace pas du jour au lendemain, contrairement à l'eau des océans, au feu qui dévaste les forêts ou à la terre qui se transforme en coulée de boue.

Le terrassier les utilisera pour faire un enrochement et le maçon les mélangera au ciment pour faire du béton.

Pourtant, les pierres comme la plupart des matières subissent, elles aussi, des changements. Elles sont constituées d'atomes qui bougent, s'altèrent et génèrent de petits miracles. Regardez ce qu'il se passe quand vous utilisez un briquet. C'est l'action d'un ressort sur une pierre qui va provoquer des étincelles.

Cet effet se nomme piézoélectricité. Il se vérifie en particulier sur le quartz, une pierre naturelle minérale aux propriétés surprenantes.

Cette découverte, réalisée par Pierre et Jacques Curie à la fin du XIXe siècle, marque le passage de l'ère analogique à l'ère digitale. Et cela va avoir des conséquences incommensurables. L'utilisation du quartz pendant la Seconde Guerre mondiale a contribué grandement à la victoire des Alliés. Par exemple, les appareils radio équipés de cristaux de quartz de la taille d'un ongle ont permis d'établir des communications fiables et immédiates au moment du débarquement en Normandie.

C'est donc une pierre qui est à l'origine de nouvelles technologies comme les ordinateurs, les microphones, les panneaux solaires, les satellites ou les écrans plats, et de notre société hyper connectée. Car si aujourd'hui, nous usons et abusons des réseaux sociaux, si nous avons évolué jusqu'à devenir des animaux digitaux, c'est grâce aux propriétés piézoélectriques du quartz.

Passionnant, non ?

Les pierres ont toujours fasciné les êtres humains. L'Homo erectus ne marche plus à quatre pattes et il libère ses mains pour tailler des pierres. Sans remonter à notre Préhistoire, observons les enfants sur une plage ou en forêt, ils vont ramasser des cailloux. En grandissant, en écoutant bien sûr un morceau des

Rolling Stones, nous répétons les mêmes gestes. N'est-ce pas, Jean-Pierre ? Il sort de sa poche gauche une autre pierre.

« Regarde, en me baladant sur la côte d'Albâtre près des falaises d'Étretat, j'ai ramassé ce galet. Il est pur, parfaitement lisse, il est harmonieux et il m'a plu. »

La réalité est aussi simple que cela. On découvre une pierre, petite ou grande, et on s'émerveille.

Depuis 1963

Jean-Pierre a poursuivi dans cette voie, car il a fait sa scolarité chez les frères des écoles chrétiennes à Passy Buzenval. Même si le destin l'a porté vers d'autres lieux, on pourrait parodier les évangiles pour faire le lien avec le chapitre précédent :

« Tu es Jean-Pierre, et sur cette pierre, tu construiras ta carrière dans le bâtiment. »

Cette boutade donne du sens à notre récit. Elle apporte une nouvelle pierre à l'édifice.

« 1963, c'est également l'année de l'assassinat de Kennedy. »

L'esprit humain semble avoir cette caractéristique de ne retenir que les évènements malheureux ou tragiques. Il ne nous viendrait pas à l'idée de dire que 1963 est l'année du début de la présidence américaine de Lyndon B. Johnson ! Ou de l'élection de Paul VI au Vatican.

On aurait aussi pu dire que 1963 est l'année de naissance de Michael Jordan ou du premier album des Beatles. C'est comme un exercice, ou mieux, comme un habitus que l'on doit développer en nous : se focaliser sur les évènements heureux et sur la beauté du monde.

C'est aussi l'année où le roi Pelé, l'idole de Jean-Pierre, est venu jouer en France avec l'équipe du Brésil. C'était 36 jours avant sa naissance. Le stade de Colombes est plein à craquer et Pelé sera fidèle à sa légende, il marque 3 buts face à un jeune gardien qui fait ses débuts, Georges Carnus. Le lendemain, le journal *L'Équipe* titre : « Pelé 3 - France 2 ».

Enfin, pour nous, les lecteurs de ce livre, 1963 deviendra l'année de la naissance de Jean-Pierre Laherre ! Il deviendra ensuite comme une pierre dans notre bibliothèque qui nous apaisera et nous aidera à penser positivement.

Et on s'en souviendra longtemps grâce à cet incroyable évènement que Jean-Pierre a organisé dans ce stade à Nanterre, à moins de cinq kilomètres de celui de Colombes.

Jean-Pierre Laherre depuis 1963, comme sur les panneaux des façades des entreprises. Car un manager se construit dès le premier jour.

Dans moins de deux heures, il va monter sur scène.

Mais avant, il veut évoquer un autre stade, face à la tour Eiffel.

Téléthon 2024

Tout commence par un post que j'ai publié sur LinkedIn avec une citation de Jean-Pierre extraite de l'une de nos interviews sur le site de Zepros Bati :

« Je n ai pas vraiment de secrets, si ce n est de penser positivement et d essayer d apporter une énergie positive à mes interlocuteurs.

Avant tout, j aime échanger, partager, apprendre et transmettre, ce qui constitue un véritable plaisir pour moi.

J aime les gens, et même si parfois, je challenge mes équipes ou mes partenaires (qui me le rendent bien aussi), je fais en sorte de le faire avec bienveillance. »

Et j'ajoute :

« Ce matin, j'avais envie de partager cette pensée d'un grand homme que j'ai souvent eu la chance de rencontrer et d'interviewer. »

Ce n'était pas un matin quelconque, mais ça, tout le monde ne le savait pas. J'étais dans la confidence. Quelques heures plus tard, Jean-Pierre devait se faire opérer de la hanche. J'ai pensé que ce post à son réveil lui ferait plaisir. Lui qui transmet toujours une énergie positive aux autres, il méritait toute l'affection qu'il allait recevoir grâce aux réactions de ses relations sur les réseaux sociaux.

Bien sûr, je n'allais pas écrire un post en disant que Jean-Pierre a besoin de vos encouragements, car il a subi une opération aujourd'hui. Certains internautes n'auraient pas hésité. C'est leur fonds de commerce. Ils jouent sur la pitié pour provoquer des émotions faciles. Ce n'est pas mon style et je peux avouer sans la plus minime des hésitations que Jean-Pierre n'aurait pas du tout apprécié une telle attitude.

Bien sûr, je n'étais pas le seul dans la confidence. Je suis certain que Catherine Aubert aussi était au courant. En tout cas, elle lit ce post, réagit avec un like et un commentaire. Elle écrit que Synerciel aime les challenges. C'est donc naturellement que ces deux personnalités du bâtiment s'entendent et regardent ensemble dans la même direction. Et c'est ce qu'il se passe dans ce restaurant.

« *Pendant ce déjeuner, Catherine m'a parlé de son idée pour le Téléthon en m'avouant que mon opération à la hanche l'avait inspirée. Elle a fait le rapprochement entre les troubles musculo—squelettiques et le Téléthon, car son but est de participer au financement de l'Institut de Myologie à l'hôpital de la Pitié Salpêtrière. C'est une femme très très sincère dans ses propos et très très dynamique dans ses actions. Elle me demande si je veux m'embarquer avec elle dans cette aventure.*

Naturellement, j'ai répondu positivement avec un enthousiasme non dissimulé. Je n'oublierai jamais ce déjeuner.

Je suis ravi de voir que le monde du bâtiment s'engage à fond dans cette bonne action. On va allumer le feu.

On va avoir avec nous de nombreuses entreprises du bâtiment, des industriels, des distributeurs, des installateurs, des artisans, des bureaux d'études, des architectes, des médias, etc.

Encore un stade, c'est déjà le quatrième que l'on cite dans ce livre après Nanterre, Wimbledon et Colombes. On aurait pu en évoquer d'autres comme Roland-Garros ou le Parc des Princes.

Il ne pouvait pas y avoir une meilleure scène pour représenter l'histoire de Jean-Pierre.

Voir Venise et fuir l'ennui

« *Nous avons fait un beau voyage. Ma femme et moi, on a adoré Venise.* »

Jean-Pierre raconte ses impressions à son ami Jean-Philippe Vacher, un autre amoureux de l'Italie, sur ses moments vécus dans la « Sérénissime ». Il me présente aussi sa compagne Paola. Elle est italienne et vit à Bergame.

« *En arpentant les ruelles, la magie de Venise opère. C'est un mélange de beauté extrême, de fragilité, mais aussi de sérénité et de tristesse. Il faut se lever tôt pour bien profiter de cette ville qui semble hors du temps. Nous voilà embarqués dans un tour en gondole sous les premiers rayons du soleil et dans le calme absolu. C'était surréaliste. On avait l'impression d'être seuls au monde, le paroxysme du romantisme. Une heure plus tard, l'ambiance a complètement changé avec des milliers de touristes qui ont envahi les "calli", c'est comme ça que l'on nomme les ruelles typiques de Venise.* »

Il évoque un à un ses émerveillements pendant cette journée mémorable : les arbalètes, les épées, les pistolets et les cachots du palais des Doges, un aller-retour en vaporetto sur le Grand Canal, l'ascension du campanile de Saint-Marc et sa vue panoramique à couper le souffle, les promenades tranquilles dans le quartier de l'Accademia beaucoup moins touristique, le pont du Rialto sous une pluie battante, leur arrivée trempés jusqu'aux os au restaurant avec la table réservée déjà occupée. Jean-Pierre est intarissable. D'autres invités nous ont rejoints pour écouter son récit passionné. Il aperçoit quelques artisans du bâtiment qu'il connaît bien comme Stéphane Aria et Yann Cardona. En portant son regard vers eux, il évoque leur visite de l'atelier d'un maître verrier sur l'île de Murano :

« Son savoir-faire avec tout d'abord le soufflage d'un vase, puis la sculpture à chaud d'un cheval positionné sur ses pattes arrière qu'il a confectionnée en moins de deux minutes ! Que cela a l'air simple quand c'est bien fait ! »

Jean-Pierre s'est transformé en guide officiel de Venise. Pendant une dizaine de minutes, on a quitté le stade de la banlieue parisienne pour la lagune vénitienne, les maisons colorées de l'île de Burano, puis l'arrivée sur l'île de Torcello, la cerise sur le gâteau.

« Autour de nous une nature simple, sauvage, tellement belle, et au bout du chemin, dans un endroit qui semble inhabité, parsemé de quelques restaurants discrets, surgit une basilique dont l'intérieur mérite plus de mille fois le prix d'entrée de 5 euros. Je suis littéralement hypnotisé par une merveille au-dessus de l'autel avec une rotonde d'une incroyable pureté faite de mosaïques byzantines représentant la Vierge.
À l'arrière de la basilique, je suis sous le charme d'un autre chef-d'œuvre, une représentation des apôtres… c'est fabuleux !

La pluie a enfin cessé, alors nous nous aventurons sur un petit pont en pierre pour marcher dans cette campagne à la fois si sauvage et si ordonnée d'une beauté naturelle au sens propre du terme ! »

On a l'impression que le spectacle a déjà commencé. Jean-Pierre a un véritable talent de conteur. Il s'échauffe comme un athlète avant sa course, il fait ses gammes comme un chanteur d'opéra avant son récital.

Il y a ceux qui ne sont jamais allés à Venise et qui ont inconsciemment déjà réservé leur voyage, puis les autres qui ont vu leur mémoire se réanimer. Moi aussi, j'ai déjà vécu l'expérience magique de Venise sous des trombes d'eau. On ne cherchait même plus à s'abriter et on vivait ce moment comme si c'était le dernier. Rien ne pouvait gâcher notre joie d'être là. On dansait en faisant des claquettes dans les flaques. Nos rires étaient plus bruyants que la colère du ciel. Dans la cité du carnaval, nos masques étaient tombés et nos péchés lavés. Ce fut une journée unique comme on en vit une seule dans une vie. La preuve, je l'évoque encore 30 ans plus tard.

Toutes ces émotions sont remontées à la surface parce qu'une personne a décidé de nous raconter son voyage. C'est la force insubmersible des récits depuis la nuit des temps.

Non loin de Venise, dans la région d'à côté en Émilie-Romagne, se trouve une ville moins réputée de nos jours, mais qui fut la New York de la Renaissance. Ferrare est considérée comme la première ville moderne d'Europe avec la construction de nouveaux quartiers suivant un plan précis constitué d'avenues parallèles et perpendiculaires. Je la connais bien, car c'est dans cette ville que je me suis marié avec Patrizia.

Les lieux à visiter ne manquent pas dans cette ville inscrite au patrimoine mondial de l'UNESCO depuis 1995. Je citerai le château d'Este, le Palazzo dei Diamanti, les remparts qui entourent le centre historique et que l'on peut parcourir à vélo, la place Ariostea, de nombreuses églises comme la cathédrale Saint-Georges ou la basilique Santa Maria in Vado, et ses rues caractéristiques comme la Via delle Volte.

J'ajoute un musée magnifique qui attire déjà l'attention par son nom surprenant : le Palazzo Schifanoia, ce qui signifie littéralement « fuir l'ennui ». On pourrait aussi dire pour être précis dans notre description : s'éloigner des préoccupations du quotidien en pratiquant des activités culturelles, artistiques, pédagogiques et ludiques.

« Fuir l'ennui » n'est pas seulement un nom, mais c'est surtout un programme et une formidable motivation pour nous tous. Dans le domaine de la communication notamment, cela devrait devenir un précepte. On ne communique pas pour ennuyer les autres. Il est donc essentiel de mettre de la joie dans notre communication. Et s'il y a une personne qui a parfaitement intégré ce principe à sa vie, professionnelle comme privée, c'est bien Jean-Pierre Laherre. Lui qui a fait de la bonne humeur une véritable marque de fabrique.

« Fuir l'ennui », c'est aussi un vœu de ma part. Dans ces pages, je vous donne ma version de Jean-Pierre. J'ai retranscrit à travers mon talent et ma personnalité ce qu'il m'a raconté au cours de ces dernières années. J'ai tenté de le faire sans vous ennuyer, en y mettant de la joie, de la poésie, des réflexions, des anecdotes amusantes, des lieux et des personnes à découvrir, des moments inattendus, des paragraphes surprenants et un peu d'humour.

Et puis, la meilleure façon de « fuir l'ennui » est de transformer le spectateur, l'auditeur ou le lecteur en acteur. Ce livre est une machine qui vous téléporte dans ce stade au milieu de tous les invités de Jean-Pierre. Il faut un minimum d'imagination pour vous téléporter et fuir l'ennui.

Outre son nom insolite et évocateur, c'est l'histoire de ce palais qui m'intéresse et nous donne la clé de ce livre.

Ce palais, comme tant d'autres dans le monde, s'est transformé au cours des siècles en suivant les volontés des hommes d'influence de chaque époque.

C'est un marquis ferrarais de la famille d'Este qui a commissionné sa construction en 1385 pour en faire un lieu de divertissement. Il y avait à l'origine un seul étage. Au siècle suivant, c'est un duc qui décida de construire un étage supplémentaire pour aménager des chambres et une salle de réception. Les meilleurs artistes de ce début de la Renaissance vont peindre des fresques monumentales comme celles qui représentent les douze signes du zodiaque.

Un magnifique escalier d'honneur monumental d'inspiration vénitienne est construit pour accéder au premier étage. De chaque côté, des colonnes en marbre supportent le toit et une petite coupole. Il donne du caractère et une nouvelle splendeur à ce palais.

À la fin du siècle, il s'agrandit encore. Une extension est construite sur l'aile est du palais. Aujourd'hui, on peut encore voir l'ancienne façade enfermée dans une pièce. Une loggia, de nouvelles décorations et d'autres opérations sont aussi réalisées pour rendre encore plus majestueuse la façade. Mais la famille d'Este va peu à peu perdre son influence, ce qui va entraîner la décadence du palais.

En 1703, l'inconcevable se produit. La loggia et l'escalier sont détruits. Des fresques d'une valeur inestimable sont recouvertes d'une peinture blanche et le palais devient une manufacture de tabac ! Il subit de graves blessures et un changement de destination total. Pour vous donner une idée de sa splendeur, vous pouvez voir un escalier similaire construit par le même architecte sur la place de l'hôtel de ville de Ferrare.

Avec le temps, le bon sens va reprendre le dessus. Grâce au talent d'artistes et de restaurateurs, on va redécouvrir des trésors cachés qu'on croyait perdus. Petit à petit, ce palais de la Renaissance va de nouveau renaître et devenir l'un des plus beaux musées d'Italie.

Le 20 mai 2012, un terrifiant tremblement de terre frappe la région et les constructions de la ville. Le musée ferme ses portes pendant près de dix ans. Un travail extraordinaire va être accompli pour non seulement redonner ses lettres de noblesse à ce lieu, mais aussi pour le transformer en un musée moderne plus grand, plus attrayant et plus captivant avec notamment plus de deux cent cinquante œuvres d'art à admirer. Voici la promesse telle qu'on peut la lire sur le guide du musée :

> *« C'est un musée qui ne se limite pas à exposer, mais qui se concentre sur la dynamique du récit, qui ne cherche pas seulement à conserver, mais aussi à provoquer des émotions, en proposant au visiteur de regarder avec les yeux de la modernité le patrimoine historique et artistique de la ville. »*

Est-ce que cette promesse est tenue ? Sans aucun doute, car sinon je ne serais pas là à vous raconter son histoire et bien plus, car lors de ma dernière visite en mars dernier, j'y ai puisé l'inspiration pour résoudre l'énigme de cette histoire de Jean-Pierre Laherre.

L'histoire de ce palais est une immense métaphore qui s'adapte parfaitement à nos vies. Il a été construit, détruit, reconstruit, agrandi, transformé, blessé, soigné, embelli, défiguré, secoué, renforcé, abusé, trompé, revalorisé. Des briques et des pierres ont été posées, puis retirées et réutilisées.

Nos vies, comme celle de Jean-Pierre, sont semblables à ce palais. Il est toujours là, mais il n'est jamais le même. Parfois, on perd ce que l'on croyait indestructible, et on découvre quelque chose de nouveau, qui ne vient pas remplacer l'ancien, mais qui change complètement la perspective et la destination. Alors, on repart de plus belle. Si des œuvres semblaient perdues, elles réapparaissent comme le plus beau des trésors.

Un évènement imprévisible et extérieur peut venir encore tout chambouler. Mais on finit par se relever plus fort que jamais.

Le palais de Jean-Pierre, ce sont des dizaines de milliers de moments de bonne humeur, d'imitations, de jeux de mots, de victoires, de défaites, de souvenirs indélébiles, de services rendus, de coups de main, de gestes d'amitié, de défis, de voyages, d'enchantements, de folles idées, de bons plats, de rires, de batailles, de séismes, de paix, d'humanité, de coups de foudre, d'amour, etc.

Pendant sa vie et sa carrière, c'est un palais digne des plus beaux contes de fées qu'il a réussi à ériger.

Et dans ce palais, il y a toujours une place pour nous.

Pour unir les deux parties de ce chapitre qui part de Venise pour arriver au Palazzo Schifanoia, je prends la liberté de parodier un célèbre dicton : « Voir Venise et fuir l'ennui ! »

Une sacrée soirée

« Gabrielle », comme l'un des plus grands tubes de Johnny Hallyday. Il la prend dans ses bras en lui entonnant quelques paroles de la chanson en imitant bien sûr la voix de son interprète. Le spectacle a déjà commencé dans le public. Et Gabrielle me tend l'un de ses canards.

« De la benjamine à l'aînée de la famille, il n'y a qu'un pas. Ma mère a 95 ans et comme tu la vois, elle a encore bon pied bon œil. »

Je suis honoré de lui serrer la main. Jean-Pierre me raconte que son père avait l'habitude de parler énormément et que sa mère était plus discrète.

« Il prenait tout l'espace, il aimait rigoler. C'était un bon vivant, il était tout feu tout flamme. Mais depuis qu'il est parti, elle a repris le flambeau. Elle prend de la vitalité avec l'âge, c'est incroyable. »

J'attendais ce moment avec impatience, car je voulais lui offrir le premier exemplaire de ce livre. Elle me remercie avec un grand sourire et je lui dis :

Caroline, Marie-Laure et Hélène sont en pleine conversation avec leur mère, Nathalie, l'ex-femme de Jean-Pierre, accompagnées de ses sœurs et son frère, Christine, Valérie, Sébastien. Je n'ose pas les interrompre. Je laisse Jean-Pierre aller les saluer.

J'en profite pour parler avec Élisabeth, la sœur de Jean-Pierre. Au fil de la discussion, on s'aperçoit que l'on avait fréquenté la même école à la même époque, les Francs Bourgeois. Moi comme élève, elle comme une très jeune professeure. Elle a enseigné pendant quelques années les maths en cinquième, troisième et seconde, mais aussi le droit, la comptabilité et l'organisation des entreprises dans les classes de la section G (économie et gestion).

« *Je sortais de HEC, je n'avais que 21 ans. J'en garde de beaux souvenirs. Je me souviens que je passais de bons moments à jouer à la belote dans la salle des profs.* »

On évoque alors nos connaissances communes et ses partenaires de jeu comme le Grec Georges Vlandas, mon professeur d'économie, qui avait gardé son fort accent hellénique, et la dynamique madame Charpentier, ma prof de maths et principale en seconde avec qui j'échangeais souvent, car j'étais le délégué de classe.

On se promet de partager d'autres anecdotes au cours de la soirée. Je me dirige ensuite vers Jean-Philippe, l'ami de Jean-Pierre qui adore l'Italie, et je me retrouve face à face avec un garçon au teint hâlé, comme diraient « Les Inconnus ».

« Bonjour, je suis Samir… »

Jean-Pierre qui m'a déjà rejoint ne nous laisse pas le temps de faire plus ample connaissance et il entonne avec la voix de Clo-clo : « Les sirènes du port d'Alexandrie chantent encore la même mélodie… »

« Tu auras compris, Denis, que Samir est né à Alexandrie. On s'est rencontré sur un banc de l'avenue de la Grande Armée à Paris. On travaillait tous les deux chez Philips et on devait se rendre à Eindhoven pour faire une formation. Sur la route, on chantait à tue-tête Djobi, Djoba *des Gipsy Kings. On ne s'est plus quittés et il est même mon témoin de mariage. C'est une personne très affable. »*

Je croise de nouveau Jean-Philippe, l'ami de Jean-Pierre qui adore l'Italie. Il est certainement la personne la plus élégante ce soir. Bien sûr, on en profite pour s'échanger quelques bons plans à Milan, Bergame, Firenze et… Versailles.

« Jean-Philippe est versaillais. On a déjeuné ensemble la semaine dernière dans une brasserie de la ville royale, "Le bœuf à la mode". On s'est connu au siècle précédent quand on travaillait dans l'industrie du ciment. »

Après les amitiés nées lors de rencontres professionnelles, voici les ex-lycéens de Passy Buzenval. Ils sont dans le rond central du terrain de foot.

« Le blond, c'est Didier Wauquiez, il est architecte. D'ailleurs, il est en train d'échanger avec mon beau-fils Lucas. Il doit lui demander quelques conseils.

J'aimais bien jouer au tennis avec lui.

J'interromps un instant Jean-Pierre, car je me souviens, même si j'étais vraiment petit, que je suis déjà venu à l'une de ces fêtes. J'ai une image très fragmentée d'un lieu gigantesque et enchanteur. Il y avait du vert, il y avait des arbres, il y avait des rires. Autant d'éléments que Jean-Pierre a toujours intégrés à son univers jusqu'à son fameux hashtag :

« #vert**digital**et**toujours**plus**humain** ! »

C'est même l'un de mes plus lointains souvenirs. J'avais deux cousins, Jean-François et Jean-Philippe, encore des Jean, qui étaient pensionnaires à Passy. Forcément, de la même façon que j'avais sûrement vu sa sœur dans mon école, je me dis que j'avais déjà croisé Jean-Pierre dans son école sans le savoir. Le lien est aussi fin que le fil de verre d'une fibre optique, mais ce lien existe. C'est incroyable, je me revois avec mes cheveux châtain clair longs et bouclés, je me sens un peu perdu dans cet espace sans fin. Comme je l'ai déjà raconté dans un chapitre précédent, quand j'ai rencontré pour la première fois Jean-Pierre dans les locaux d'URSA à Noisy-le-Grand en 2019, j'ai tout de suite eu l'impression qu'on se connaissait depuis longtemps. Comme on dit, la première impression est souvent la bonne, mais il faut parfois des dizaines de milliers de jours pour le comprendre.

C'est la plus pure magie du storytelling, deux personnes qui se racontent leur propre histoire et qui en font un nouvel épisode. Cet épisode, c'est ce livre.

Jean-Pierre reprend son récit.

« Tous les ans, il y avait une fête. Dalida est même venue pour faire un concert. Bien sûr, j'étais fan et je l'imitais déjà. C'était un moment extraordinaire et inoubliable.

Au milieu, parmi les anciens de l'école, il y a Tonio, diminutif d'Antoine, un ami fidèle. C'est un autre excellent joueur de foot. Moi, j'étais

C'est important de savoir reconnaître les qualités de chacun, de respecter chaque personnalité et d'avoir confiance en l'autre. Pratiquer un sport d'équipe est idéal pour comprendre que nous avons tous un rôle à jouer, un rôle différent des autres, et c'est cette complémentarité qui fait la force de l'ensemble.

Son frère Jacques vient se joindre au groupe. On les voit mimer une partie de ping-pong.

« On faisait des compètes régionales de tennis de table avec le club pongiste cellois. J'adorais attaquer en top spin, ce que les papys à peine cinquantenaires, avec leur jeu moins agressif, détestaient.

On allait le plus souvent possible au café "Le Chiquito" face au lycée pour jouer au flipper. J'étais plus doué en billard électrique qu'en sciences physiques ! »

Ils continuent d'évoquer l'un après l'autre quelques souvenirs de leur adolescence et quelques anciens qu'ils ont croisés dans leur vie d'après. Jean-Pierre leur parle de Jean-Michel Viret.

« On était inséparables, on a même fait notre école de commerce ensemble à Bordeaux. Ensuite, on s'est revu sur la Côte d'Azur, on a fait du bateau ensemble en Corse. C'était une sorte de loup solitaire. On s'est perdu un peu de vue, jusqu'au jour où j'apprends qu'il avait repris une pizzeria à Périgueux. Alors, j'ai décidé de lui faire une blague. J'appelle le restaurant en me plaignant pour une pizza brûlée. On me passe le patron qui reconnaît illico ma voix. On se reverra encore une fois. Malheureusement, quelque temps plus tard, j'apprends qu'il a eu un accident mortel à Marrakech. »

Quand on se retrouve avec de vieux amis, il y a toujours ces moments tristes où l'on évoque la mémoire de ceux qui nous ont quittés trop tôt.

On sort du rond central pour aller vers l'aire du saut en hauteur. Je vois Blandine qui discute avec quatre garçons assis sur l'épais matelas bleu.

« Ces quatre garçons dans le vent, ce sont mes beaux-frères : Alexandre, très agile et débrouillard ; Frédéric, un peu rêveur et super esthète ; Guillaume, dit "Le MacGyver" et entrepreneur ; et Hugues, négociateur et cuisinier hors pair, passion qu'il partage d'ailleurs avec Guillaume ; et tous les quatre extrêmement affectueux. C'est le clan Bouillon, leur nom de famille. Comme tu le vois, ils sont soudés entre eux. Je m'entends à merveille avec eux. Ils me considèrent comme leur cinquième frère. J'ai de la chance.

Quand je suis arrivé dans leur clan, ils m'ont fait une sorte de bizutage. Guillaume m'explique le plus sérieusement du monde qu'il y avait une tradition dans leur famille. Pour devenir l'un des leurs, je devais d'abord passer une épreuve en faisant un tour sur le dos d'un âne. On a bien rigolé. Mais je me suis immédiatement vengé en leur mettant une raclée en tennis. »

Près du buffet gargantuesque, je vois mon ami Jean-Bernard Melet, le fondateur de la start-up Eldo, l'une des plus belles success-stories de ces dernières années dans le bâtiment. Il discute avec Cyril Erout, co-fondateur avec Jean-Pierre du « BBQ Réseau ». Un réseau dans lequel on retrouve les valeurs qui les animent : simplicité, entraide et convivialité.

« Cyril, c'est "monsieur tout va bien" comme le Pangloss de Candide. Le monde peut s'écrouler autour de lui, ce n'est pas grave, il reste tou-

jours positif. Et Jean-Bernard, tu le connais, il a le même esprit. C'est l'entrepreneur dynamique bien sûr, mais c'est aussi l'animateur hors pair qui reçoit les artisans et les personnalités du bâtiment dans son émission sur YouTube. »

À l'autre bout du terrain, dans les cages du gardien de but, on trouve l'équipe Zepros au complet. En première ligne, le capitaine Philippe Paulic et les meneuses de revues, la directrice de Tokster, Claudine Martinez et Virginie Lindo-Martinez. C'est d'ailleurs grâce à Claudine que j'ai rencontré Jean-Pierre. Elle m'avait confié le dossier URSA pendant plusieurs années. Franchement, j'étais moyennement à l'aise, car la ligne éditoriale était trop technique et conventionnelle pour moi. Comme vous le constatez en lisant ce livre, je ne suis pas très académique. J'aime bien sortir du cadre et créer des contenus décalés. Quand on écrit sur le Web, on ne rédige pas une brochure. On doit attirer l'attention en mettant en scène l'entreprise, ses employés, ses produits et ses clients pour raconter une histoire faite de rencontres. Comme on le fait ici dans ce chapitre en particulier. Mais les entreprises du bâtiment ont parfois peur de franchir le pas. Elles n'osent pas communiquer autrement.

On se trouve aussi confronté à un autre obstacle courant sur le Web : la réactivité. Quand on prépare un article ou une vidéo, on ne peut pas attendre plusieurs semaines la validation des services techniques, marketing, de la communication et du big boss de la boîte. Et s'il y a des corrections à effectuer, alors les va-et-vient deviennent incessants. On perd la spontanéité que le digital nous offre sur un plateau.

Je me sens parfois comme un gardien de but qui a reculé devant l'attaquant adverse jusqu'à retomber dans les mailles du filet, piégé comme une proie. Alors que j'aurais dû plonger sur ma ligne pour détourner le ballon ou dans les pieds du joueur pour l'empêcher de tirer.

Spontanéité et réactivité, c'est en revanche ce que plusieurs artisans du bâtiment ont bien compris. Grâce aux réseaux sociaux, ils ont su immédiatement se mettre en valeur. Certains d'entre eux sont là ce soir. Smartphone en main, Stéphane Aria assure le reportage en direct sur TikTok. Il vient nous voir et m'adresse malicieusement la parole :

« Maintenant que tu as terminé le livre de Jean-Pierre, tu vas avoir le temps d'écrire le mien. »

Jean-Pierre se marre et dit à Stéphane :

« Oui, je te le prête, mais dépêche-toi, on doit écrire le tome 2. »

Et il se met à chantonner en imitant la voix de Stéphane :

« Prête-moi ta plume, mon ami Pierrot, prête-moi ta plume, pour écrire un mot… »

Ma plume vole d'une histoire à l'autre. Je profite de ce moment. Carpe Diem.

Le groupe des artisans est le plus bruyant. On les entend rire et applaudir même à l'autre bout du stade. Lucie Amand, Hilanie Rousseau, Cindy Plumbs, Yann Cardona, Cédric Prats et Dylan Touzé font une haie d'honneur pour l'arrivée de Romain Dondelinger qui fait une entrée remarquée sur son vélo cargo. Caroline Semin et Thierry Vivier viennent se joindre à eux.

Romain fait signe à Jean-Pierre de monter sur la selle. Il n'hésite pas une seule seconde et fait un tour du stade triomphant sous les applaudissements de tous les invités.

Il franchit une ligne d'arrivée fictive et Virginie l'accueille avec une tasse de café. Ces deux-là ont longtemps travaillé ensemble. Ils se connaissent bien et s'apprécient. Écoutez comment Jean-Pierre la décrit avec emphase :

« C'est un TGV de la performance et de l'énergie positive. C'est une tornade qui emporte tout sur son passage. Comme lors de notre victoire en 2019 aux trophées "Action Co" de la meilleure force de vente de l'année récompensant nos initiatives en faveur de la rénovation énergétique. »

Rebelote en 2023, mais cette fois en individuel. Jean-Pierre s'est adjugé haut la main le « Trophée Action Co » du manager commercial de l'année. En 2016, il était monté sur la deuxième place du podium derrière le manager de Nespresso, Julien Morel.

Elle non plus ne manque pas de spontanéité et de réactivité, comme son nouveau chef, Philippe Paulic, le président fondateur du groupe Zepros. Jean-Pierre collabore souvent sur des projets avec Zepros comme les Ze Awards du bâtiment ou le One Bâtiment Forum plus récemment.

« Philippe, c'est un empêcheur de tourner en rond, il a cinq cent mille idées à la seconde. Cette folie est contagieuse. Mais ce que j'apprécie le plus chez lui, c'est son côté épicurien. C'est un bon vivant et un excellent cuistot.

Il a un caractère entier. J'aime les personnalités comme Philippe. Ou comme ma femme, et d'ailleurs comme la plupart des personnes que l'on rencontre au cours de cette belle soirée. Ils ne vont pas te dire blanc s'ils pensent noir ou gris. J'évite de fréquenter des gens qui nagent en eaux tièdes.

Moi, j'apprécie l'eau chaude ou l'eau glacée, comme dans les fjords norvégiens où l'on trouve de beaux saumons. »

Voici l'homme qui tombe à pic, Christian Clot, explorateur de l'extrême et spécialiste de l'adaptation humaine aux changements climatiques. Et donc à la chaleur et au froid extrême comme les aime Jean-Pierre !

« Christian a organisé l'expédition Deep Time. Il a passé quarante jours avec sept femmes et sept hommes dans la grotte de Lombrives en Ariège en 2021. Une grotte à 100 % d'humidité ! »

« Alors, j'ai demandé à Jean-Pierre s'il n'avait pas des isolants résistants à l'humidité », explique Christian.

« Bien sûr que j'avais la solution ! »

Jean-Pierre entonne alors sur les notes du succès de Caroline Loeb *C'est la ouate* :

« De toutes les matières, c'est l'XPS qu'il préfère, l'XPS… »

« Nous avons fourni à Christian et son équipe des panneaux en XPS afin de protéger les ordinateurs de sa mission scientifique. Qu'y avait-il de mieux pour démontrer l'efficacité du polystyrène extrudé ? Rien ! C'était le coup médiatique parfait pour notre produit. »

C'est une sacrée soirée, Jean-Pierre. Il y a plus de mille invités. On ne peut pas citer tout le monde. Cependant, en parfait maître de stade, il va les saluer un par un pour les remercier et échanger quelques mots, ne serait-ce qu'un instant, avec chacun d'entre eux.

Moi, sur un carnet, j'inscris scolairement et maladroitement tous les noms. Le jour d'après, j'essaie de me relire, mais c'est une mission presque impossible. Ce n'est qu'une suite de hiéroglyphes, de gribouillages et de ratures. Heureusement, je peux aller sur LinkedIn et Google pour m'aider à démêler mes pattes de mouche.

J'ai noté ses amis du MEDEF comme Florence Goltzmann, Sébastien Vannerot, Bastien Brunis, Frédéric Mira et Hafid Ouchene ; Stéphane Kusic, Audrey Mattera, Olivier Forner, Jean-Manuel Neves, Nathalie et Philippe Renaudin, Pierre-Louis et Odile Marek et Hervé Aulner avec son sens de l'humour militaire, ils étaient à sa table lors de la soirée « Action and Co » ; Charles Battista, l'ex-président des DCF Grand Paris ; Danielle Durac, la présidente de la CCI de Paris Seine-Saint-Denis ; Gérald Bouhourd, Stephanie Rivares et Faker Bendris, ses coachs et compagnons en immersion dans le désert ; etc. Bien sûr, il pense aussi à tous ses proches, aux membres de sa famille et de sa belle-famille qui sont partis trop tôt.

Comme dans une vraie sacrée soirée digne d'un autre Jean-Pierre, il y a forcément une surprise. L'invité qui vient de loin que tu n'attends pas et que tu n'as même jamais rencontré.

On est en 2010. Il retourne vivre à Versailles, rue Rameau.

« Je loue un appartement dans un quartier animé tout près du Château et du bassin de Neptune, du théâtre Montansier, de nombreux commerces et locaux. Dans ma nouvelle vie de célibataire, je n'aime pas trop me faire la tambouille alors j'en profite pour manger dans les troquets du coin. Un dimanche midi, je vais au "Canard d'or", un beau restaurant chinois situé face au théâtre. Près de ma table, les membres de l'Association des Enfants du Mékong déjeunent et je les entends parler de leurs activités. Je trouve ça intéressant et j'entame une discussion avec eux.

Depuis, j'ai parrainé plusieurs filles et garçons en Asie du Sud-Est. Je suis content de pouvoir contribuer aux études de ces enfants. Je reçois régulièrement de leurs nouvelles. »

Alors, j'ai eu une idée, une idée un peu folle, digne du meilleur Philippe Paulic. J'ai pris contact avec l'association en leur expliquant le contexte et ce que j'avais derrière la tête. Ils m'ont suivi et ils ont organisé la venue de l'un de ces enfants que Jean-Pierre a aidés financièrement.

Incrédule et ému, Jean-Pierre l'embrasse tendrement en lui adressant quelques mots en anglais. Il lui répond timidement en lui disant comme dans ses lettres : « God bless you ! »

Jean-Pierre lui prend la main et s'avance avec lui vers la scène. C'est le bon moment pour moi de vous révéler le sens profond de ce livre.

Ce livre ne raconte pas seulement une carrière, une vie, des rencontres, des moments et une sacrée soirée. L'intention qu'il renferme va bien au-delà.

Ce livre n'est pas non plus seulement ma version de Jean-Pierre Laherre. Je ne suis qu'un simple narrateur qui a retranscrit infidèlement les récits et les confidences de son protagoniste.

Ce livre nous conduit chapitre après chapitre, pas après pas, brique après brique dans un lieu inexploré.

Ce lieu inexploré n'est pas non plus la scène finale, car elle n'est qu'un prétexte ou plus précisément un contexte. La scène dans laquelle se déroule l'action est là pour donner un cadre à cette fresque vivante et toucher du doigt une autre réalité.

Ce livre nous raconte le rêve de Jean-Pierre Laherre.

Le rêve d'un adolescent qui désirait de toutes ses forces fouler les planches d'un théâtre pour transmettre sa bonne humeur grâce à ses multiples talents, pour nous amuser, pour provoquer nos rires, pour nous faire réfléchir et pour nous réunir.

Le rêve d'un adolescent qui avait une furieuse envie de devenir imitateur, chanteur, humoriste, orateur, sauteur en longueur ou encore sprinteur.

Mais son destin était ailleurs, dans des univers a priori plus austères et plus rigoureux. Évidemment, le monde du bâtiment n'est pas celui du spectacle, mais Jean-Pierre est resté le même, comme un acteur qui joue dans un film d'aventure, puis dans une sitcom humoristique, une commedia dell'arte ou dans une tragédie grecque. Celui qui a fréquenté les bureaux et les salles de réunion de ses entreprises, celui qui est allé avec un casque sur les chantiers, celui qui a visité des usines en serrant la main de tous les ouvriers, celui qui a répondu à toutes les sollicitations des journalistes, des podcasteurs et des blogueurs, c'est bien le Jean-Pierre que vous connaissiez déjà et que vous avez appris à mieux connaître dans ces pages. C'est pour cela qu'il est si populaire dans ce milieu. Il a toujours su imposer sa personnalité à nulle autre pareille.

J'ai la conviction que tous les astres étaient au rendez-vous dans la constellation des Gémeaux. Jean-Pierre ne deviendra pas le nouveau pape ce soir, ni même un joueur de tennis comme Nadal qui est né comme lui un 3 juin et que Jean-Pierre admire, mais il va pour quelques heures sortir enfin de sa coquille et prendre son envol le plus librement du monde.

Avec ce livre, j'ai voulu offrir ce rêve à Jean-Pierre.

Oui, c'est bien ça, j'ai voulu lui offrir ce rêve.

La nuit est tombée, un simple projecteur de chantier éclaire la scène et la lune illumine le public. L'atmosphère est tamisée et intimiste. Dans sa tête, il fait le vide. Certains crient des « Allez Jean-Pierre », mais lui, il n'entend plus rien. La foule s'écarte pour lui laisser le passage. Il se penche vers l'enfant, lui susurre un mot au creux de l'oreille et fait un geste de la main pour lui dire de rester près de la scène. Puis il monte seul, presque au ralenti, les trois marches qui le conduisent sur les planches. Il marque une pause. Il est encore dos à l'assemblée. Il respire profondément. Son visage est impassible. Il fixe son regard sur le micro qui est trois ou quatre mètres devant lui. Ce micro qui symbolise et matérialise son rêve. Il s'apprête à le toucher du doigt. Mais avant, il donne l'impression de vouloir prendre son élan, car il s'apprête à faire le grand saut. Il ira encore plus loin qu'il ne l'aurait imaginé dans ses jeunes années. C'est fait, il serre fort le micro dans sa main et il se tourne vers nous. Il ne porte aucun masque. Son sourire si familier est encore plus rayonnant que d'habitude. Le spectacle peut enfin commencer. Il a mûrement réfléchi aux premiers mots qu'il prononcerait. Il avait songé à une expression dans le style « on va aller plus loin ensemble ». Ça ressemblait trop à un slogan politique, ce qui le gênait un peu. Il fallait trouver quelque chose de plus personnel, plus consensuel et plus émouvant.

Il a ressassé ce moment une centaine de fois. Sa voix résonne enfin dans le stade. Un tonnerre d'applaudissements vient ponctuer ses fameuses premières paroles :

« Vous m'inspirez ! »

Jean-Pierre Laherre

Jean-Pierre Laherre a un parcours professionnel lié à la stratégie commerciale et marketing au sein de Groupes industriels fournissant des univers complémentaires du bâtiment, tels que le ciment (VICAT), le carrelage et le sanitaire (VILLEROY & BOCH- GROHE), le chauffage et la climatisation (DANFOSS-LG ELECTRONICS), ainsi que les matériaux isolants (URSA).
Son actualité est notamment la coordination du Premier Téléthon du Bâtiment fin novembre 2024 et il est l'auteur d'une newsletter référente sur LinkedIn : « Au Cœur du BTP ».
Ses actions sont tournées sur le développement profitable et durable, avec une sensibilité et une pratique sur les différents volets de la RSE, ainsi que sur le digital ; d'où son mantra : « Vert, Digital et toujours Plus Humain ».
Il a été élu par le jury et les lecteurs du magazine référent du management commercial « Action Co » Manager de l'année 2023.

Denis Gentile

Denis Gentile a un parcours professionnel très différent de celui de Jean-Pierre Laherre. Il s'épanouit dans l'écriture et publie son premier livre « Le Passant Florentin » dont le héros est un personnage qui se transforme dans les rues de Florence. Journaliste à ses débuts, notamment à France-soir, il s'immerge ensuite pendant quinze ans dans l'univers merveilleux de Disney. Il s'initie alors à l'art du storytelling.

Depuis 2017, il est content manager au sein du groupe Zepros et en particulier Tokster, son agence digitale. Il découvre le monde du bâtiment, moins enchanteur de prime abord. Au fil de ses interviews, il devient le storyteller préféré des artisans et professionnels de ce secteur. Il aime définir son rôle par cette phrase : « Je fais du Walt Disney dans le bâtiment ! »

Parmi les acteurs incontournables de ce nouveau monde, il croise la route de Jean-Pierre Laherre qui lui confie une collaboration : raconter avec lui son histoire.

Suivez **JDH Éditions** sur les réseaux sociaux
pour en savoir plus sur les auteurs,
les nouveautés, les projets…

Inscrivez-vous à notre Newsletter sur
www.jdheditions.fr
Pour recevoir l'actualité de nos nouvelles
parutions